GUIDE PRATIQUE AGILE

Les données de catalogage avant publication de la bibliothèque du Congrès ont été utilisées.

ISBN: 978-1-62825-413-6

Publié par :
Project Management Institute, Inc.
14 Campus Boulevard
Newtown Square, Pennsylvania 19073-3299 USA
Téléphone : +1 610-356-4600
Fax : +1 610-356-4647
Email : customercare@pmi.org
Internet : www.PMI.org

Pour passer une commande ou demander des informations sur les prix, merci de contacter l'Independent Publishers Group :
Independent Publishers Group
Order Department
814 North Franklin Street
Chicago, IL 60610 USA
Téléphone : +1 800-888-4741
Fax : +1 312- 337-5985
Email : orders@ipgbook.com (pour les commandes uniquement)

Pour toute autre demande, merci de contacter le PMI Book Service Center.
PMI Book Service Center
P.O. Box 932683, Atlanta, GA 31193-2683 USA
Téléphone : 1-866-276-4764 (aux États-Unis ou au Canada) ou +1-770-280-4129 (ailleurs)
Fax : +1-770-280-4113
Email : info@bookorders.pmi.org

Ce Guide pratique a été financé avec l'aide d'Agile Alliance® et développé en collaboration avec des membres d'Agile Alliance®. Agile Alliance® n'approuve aucune certification ou méthodologie agile.

10 9 8 7 6 5 4 3 2 1

NOTE DE L'ÉDITEUR

PRÉFACE

Le Project Management Institute et Agile Alliance® ont élaboré ce guide afin d'améliorer la compréhension des approches agiles au sein de leurs communautés. L'objectif est de proposer aux équipes de projet des outils, des recommandations axées sur la situation et une compréhension des techniques et approches agiles disponibles afin qu'elles obtiennent de meilleurs résultats.

Les équipes projet utilisent des approches agiles dans d'autres domaines que celui du développement de logiciels. Le Project Management Institute et Agile Alliance® sont conscients du fait que cette diffusion nécessite un langage commun, une ouverture d'esprit et la volonté de faire preuve de souplesse dans la mise sur le marché des produits et des livrables. Ils savent également qu'il existe plusieurs moyens de parvenir à une livraison réussie. Face à une vaste gamme d'outils, de techniques et de cadres de travail, les équipes disposent d'un choix d'approches et de pratiques appropriées à leur projet et à leur culture organisationnelle qui leur permettront d'obtenir le résultat escompté.

Les membres du comité directeur du *Guide pratique Agile* sont issus de milieux professionnels différents et utilisent plusieurs approches. Si certains sont consultants et d'autres employés au sein d'organisations, tous travaillent de façon agile depuis de nombreuses années.

TABLE DES MATIÈRES

LISTE DES TABLEAUX ET FIGURES

1

INTRODUCTION

Bienvenue au *Guide pratique Agile* ! Ce guide est le fruit de la collaboration entre le Project Management Institute (PMI) et Agile Alliance®. Les membres de l'équipe de rédaction principale à l'origine de ce guide incluaient des bénévoles des deux organisations qui se sont appuyés sur l'expertise d'un grand nombre de professionnels et de leaders actuels aux différents profils, convictions et cultures.

Ce guide renferme des conseils pratiques à l'attention des leaders de projet et des membres d'équipe qui s'adaptent à une approche agile de planification et d'exécution des projets. Si notre équipe de rédaction principale reconnaît que les approches prédictives sont largement soutenues, et que l'orientation vers un état d'esprit, des valeurs et des principes Agiles suscite les passions. Ce guide a donc choisi d'aborder l'agilité des projets par une approche pratique. Il permet d'appréhender la transition entre une approche prédictive et une approche agile. En effet, les deux approches présentent des activités similaires, comme la planification, qui sont gérées différemment, mais apparaissent dans les deux environnements.

Notre équipe de rédaction principale a adopté un état d'esprit agile pour collaborer et gérer l'élaboration de cette première édition du guide pratique. Avec l'évolution des technologies et des cultures, les futures mises à jour et améliorations de cet ouvrage refléteront les approches courantes.

Par ailleurs, elle a adopté un style d'écriture plus informel et décontracté que celui généralement utilisé pour les normes PMI. Ce guide intègre de nouveaux éléments, comme les conseils, les encadrés et les études de cas, pour mieux illustrer les principaux points et concepts. Avec ces changements, notre équipe souhaite le rendre plus lisible et convivial.

Ce guide va au-delà de l'utilisation de l'agilité dans l'industrie du développement de logiciels. En effet, l'agilité s'est étendue à des environnements de développement non liés à l'informatique. Des secteurs comme la production, l'éducation, la santé, entre autres, deviennent agiles à des degrés différents. Cette utilisation en dehors de l'informatique est traitée dans le présent guide.

L'APPRENTISSAGE SUR UNE BASE AGILE

L'éducation constitue un cadre propice à l'expansion des pratiques agiles au-delà du développement de logiciels. Les enseignants des collèges, des lycées et des universités du monde entier commencent à s'appuyer sur les méthodes Agiles pour créer une culture d'apprentissage. Les techniques Agile permettent de se concentrer sur la hiérarchisation des priorités. Le face-à-face, l'apprentissage significatif, les équipes auto-organisées et l'apprentissage incrémental et/ou itératif utilisent l'imagination et sont tous des principes Agile capables de changer l'état d'esprit d'une classe et de réaliser les objectifs pédagogiques (Briggs, 2014).*

* Briggs, Sara. « Agile Based Learning: What Is It and How Can It Change Education? » *Opencolleges. edu.au*, 22 février 2014, extrait de http://www.opencolleges.edu.au/ informed/features/agile-based-learning-what-is-it-and-how-can-it-change-education/

Quel est l'intérêt d'un guide des méthodes Agile aujourd'hui ? Les équipes projet utilisent les techniques et approches agiles sous différentes formes depuis plusieurs décennies. Le Manifeste Agile [1][1] est un texte qui établit les valeurs et les principes Agile à partir du moment où l'agilité a gagné en popularité (voir la section 2.1.) Aujourd'hui, les leaders et équipes projet se trouvent dans un environnement perturbé par les évolutions exponentielles de la technologie et des exigences des clients qui souhaitent obtenir plus de valeur plus rapidement. Les techniques et approches Agile permettent de gérer efficacement les technologies disruptives. En outre, le premier principe Agile place la satisfaction du client comme priorité absolue afin de livrer des produits et des services qui répondent à ses attentes (voir la section 2.1.) Les retours clients rapides et ouverts sont désormais facilement accessibles avec l'utilisation massive des médias sociaux. Ainsi, pour rester compétitives, les organisations doivent se concentrer non plus uniquement sur leurs activités internes, mais surtout sur l'expérience du client.

---

[1] Les nombres entre crochets renvoient à la liste des références qui se trouve à la fin de ce guide.

Les technologies disruptives sont en train de changer rapidement les règles du jeu en abaissant les barrières à l'entrée. Les organisations classiques sont de plus en plus complexes, lentes à innover et à la traîne pour offrir de nouvelles solutions à leurs clients. Elles doivent rivaliser avec des organisations plus petites et des startups capables de proposer rapidement des produits qui satisfont les besoins des clients. Cette rapidité de changement continuera d'inciter les grandes organisations à adopter un état d'esprit Agile afin de rester compétitives et de conserver leurs parts de marché.

Le *Guide pratique Agile*, ouvrage axé sur les projets, aborde la sélection du cycle de vie du projet, la mise en œuvre Agile et les aspects organisationnels des projets agiles. La gestion des changements organisationnels est indispensable pour mettre en œuvre ou transformer les pratiques. Étant donné qu'il s'agit d'une discipline en soi, elle n'entre pas dans le champ d'application de ce guide. Pour en savoir plus sur la gestion des changements organisationnels, consultez le guide intitulé *Managing Change in Organizations—A Practice Guide* [2].

Le tableau 1-1 énumère d'autres éléments qui entrent ou non dans le champ d'application de ce guide.

TECHNOLOGIE DISRUPTIVE

L'avènement du cloud computing facilite les ruptures technologiques. Des entreprises du monde entier utilisent ce modèle pour accéder rapidement et à moindre coût aux ressources informatiques et s'introduire dans les marchés traditionnels. Le cloud computing nécessite un investissement initial réduit. Le service est payé dans le temps au moyen d'un abonnement en fonction de leur utilisation. Les applications, infrastructures et plates-formes mises à jour sont introduites dans le cloud de façon itérative et incrémentale afin de suivre le rythme des améliorations technologiques et de l'évolution des exigences du client.

Tableau 1-1. Éléments inclus et exclus du champ d'application

Inclus dans le périmètre	Exclus du périmètre
Mise en œuvre des approches Agile au niveau du projet ou de l'équipe.	Mise en œuvre d'Agile au sein de l'organisation ou création de programmes agiles.
Traitement des approches Agile les plus courantes, telles que citées dans les enquêtes réalisées auprès de l'industrie.	Traitement des approches de niche, des méthodes spécifiques à l'entreprise ou des techniques de cycle de vie incomplet.
Prise en compte des facteurs de pertinence lors du choix d'une approche ou d'une pratique Agile.	Recommandation ou approbation d'une approche ou d'une pratique en particulier.
Correspondance entre l'agilité, les processus et les domaines de connaissance du *Guide PMBOK®*.	Modification des processus ou des domaines de connaissance du *Guide PMBOK®*.
Discussion sur l'utilisation de l'agilité au-delà du développement de logiciels.	Suppression de l'influence de l'industrie du logiciel sur les approches Agile. (Notez que ce guide inclut les logiciels même si Agile est de plus en plus utilisé dans de nombreux autres secteurs.)
Prise en compte de conseils, techniques et approches lors de la mise en œuvre d'Agile dans les projets ou les organisations.	Instructions détaillées sur la mise en œuvre de l'agilité dans les projets ou les organisations.
Définitions des termes généralement acceptés.	Nouveaux termes ou nouvelles définitions.

Le présent guide s'adresse aux équipes projet qui se trouvent coincées entre les méthodes prédictives et agiles, tentent d'affronter les innovations rapides et la complexité et se consacrent à leur amélioration. Il contient les orientations nécessaires à la réussite de projets qui créent de la valeur afin de répondre aux attentes et aux besoins des clients.

Ce guide est organisé de la façon suivante :

Section 2. Introduction à Agile. Cette section présente l'état d'esprit, les valeurs et les principes du Manifeste Agile. Elle traite également des concepts du travail définissable et fortement incertain ainsi que de la corrélation entre les méthodes Lean, Agile et Kanban.

Section 3. Sélection du cycle de vie. Cette section explique les différents cycles de vie abordés dans le présent guide. Elle traite également des filtres de pertinence, des directives pour l'adaptation et des combinaisons d'approches courantes.

Section 4. Mise en œuvre d'Agile : Créer un environnement Agile. Cette section traite des facteurs essentiels à prendre en compte lors de la création d'un environnement Agile comme la composition d'une équipe et du Servant Leadership.

Section 5. Mise en œuvre d'Agile : Livrer dans un environnement Agile. Cette section explique comment organiser les équipes et les pratiques courantes qui sont à leur disposition afin de créer de la valeur de façon régulière. Elle contient également des exemples de mesures empiriques pour les équipes et pour les rapports d'avancement.

Section 6. Aspects organisationnels des projets agiles. Cette section explore les facteurs organisationnels qui influencent l'utilisation des approches Agile, comme la culture, la prédisposition au changement, les pratiques business et le rôle du bureau des projets (Project Management Office, PMO).

Section 7. Appel à l'action. L'appel à l'action sollicite une contribution à des fins d'amélioration continue du présent guide.

Les annexes, les appendices, les références, la bibliographie et le glossaire apportent des définitions ainsi que des informations complémentaires utiles.

- ◆ **Annexes.** Les annexes contiennent des informations indispensables qui sont trop longues pour figurer dans le texte principal du présent guide.

- ◆ **Appendices.** Les appendices contiennent des informations non indispensables qui viennent compléter le texte principal du présent guide.

- ◆ **Références.** Les références indiquent où trouver les normes et autres publications citées dans le présent guide.

- ◆ **Bibliographie.** Liste des publications supplémentaires classées par rubrique fournissant des informations détaillées sur les sujets traités dans le présent guide.

- ◆ **Glossaire.** Liste des termes utilisés dans le présent guide accompagnés de leur définition.

2

INTRODUCTION À L'AGILITÉ

2.1 TRAVAIL DÉFINISSABLE ET TRAVAIL FORTEMENT INCERTAIN

Le travail d'un projet peut varier entre travail définissable et travail fortement incertain. Les projets dont le travail est définissable se caractérisent par des procédures claires qui ont fait leurs preuves lors de projets antérieurs et similaires. La construction d'une voiture, d'une maison ou la fabrication d'un appareil électrique, une fois la conception terminée, constituent des exemples de travail définissable. Le domaine et les processus de production concernés étant en principe bien compris, les niveaux d'incertitude et de risque sont généralement faibles en matière d'exécution.

Une nouvelle conception, la résolution de problèmes et le travail inédit sont des démarches exploratoires qui nécessitent la collaboration d'experts afin de trouver une solution. Parmi les personnes qui sont confrontées au travail fortement incertain figurent les ingénieurs en systèmes logiciels, les concepteurs de produit, les médecins, les enseignants, les avocats et de nombreux ingénieurs en résolution de problèmes. L'accroissement de l'automatisation du travail définissable permet aux équipes projet d'entreprendre davantage de projets fortement incertains nécessitant l'application des techniques décrites dans ce guide.

Les projets fortement incertains présentent des niveaux élevés de changement, de complexité et de risque. Ces caractéristiques peuvent poser problème aux approches prédictives traditionnelles dont l'objectif est de déterminer la majeure partie des exigences en amont et de maîtriser les changements par le biais d'un processus de demande de changement. En revanche, les approches agiles ont été créées afin d'explorer la faisabilité d'une solution par des cycles courts et afin de pouvoir s'adapter rapidement grâce à l'évaluation et au retour d'information.

2.2 MANIFESTE AGILE ET ÉTAT D'ESPRIT AGILE

Les leaders d'opinion de l'industrie du logiciel ont officialisé le mouvement Agile en 2001 avec la publication du Manifeste pour le développement Agile de logiciels. (Voir la figure 2-1.)

Nous découvrons comment mieux développer des logiciels par la pratique et en aidant les autres à le faire. Ces expériences nous ont amenés à valoriser :

Les **individus et leurs interactions** plus que les processus et les outils.

Des **logiciels opérationnels** plus qu'une documentation exhaustive.

La **collaboration avec les clients** plus que la négociation contractuelle.

L'**adaptation au changement** plus que le suivi d'un plan.

Nous reconnaissons la valeur des seconds éléments, mais privilégions les premiers.

© 2001, les auteurs du Manifeste Agile

Figure 2-1. Les quatre valeurs du Manifeste Agile.

Douze principes découlent de ces valeurs comme l'illustre la figure 2-2.

1. Notre plus haute priorité est de satisfaire le client en livrant rapidement et régulièrement des fonctionnalités à grande valeur ajoutée.

2. Accueillez positivement les changements de besoins, même tard dans le projet. Les processus Agiles exploitent le changement pour donner un avantage compétitif au client.

3. Livrez fréquemment un logiciel opérationnel avec des cycles de quelques semaines à quelques mois et une préférence pour les plus courts.

4. Les utilisateurs ou leurs représentants et les développeurs doivent travailler ensemble quotidiennement tout au long du projet.

5. Réalisez les projets avec des personnes motivées. Fournissez-leur l'environnement et le soutien dont ils ont besoin et faites-leur confiance pour atteindre les objectifs fixés.

6. La méthode la plus simple et la plus efficace pour transmettre de l'information à l'équipe de développement et à l'intérieur de celle-ci est le dialogue en face à face.

7. Un logiciel opérationnel est la principale mesure d'avancement.

8. Les processus Agiles encouragent un rythme de développement soutenable. Ensemble, les commanditaires, les développeurs et les utilisateurs devraient être capables de maintenir indéfiniment un rythme constant.

9. Une attention continue à l'excellence technique et à une bonne conception renforce l'agilité.

10. La simplicité - c'est-à-dire l'art de minimiser la quantité de travail inutile - est essentielle.

11. Les meilleures architectures, spécifications et conceptions émergent d'équipes auto-organisées.

12. À intervalles réguliers, l'équipe réfléchit aux moyens de devenir plus efficace, puis règle et modifie son comportement en conséquence.

Figure 2-2. Les douze principes du Manifeste Agile.

Si ces principes sont issus de l'industrie du logiciel, ils se sont transposés depuis à de nombreux autres secteurs.

Cette représentation d'un état d'esprit, de valeurs et de principes définit la nature d'une approche Agile. Les diverses approches Agile utilisées aujourd'hui partagent les mêmes état d'esprit, valeurs et principes Agiles. Cette relation est illustrée à la figure 2-3.

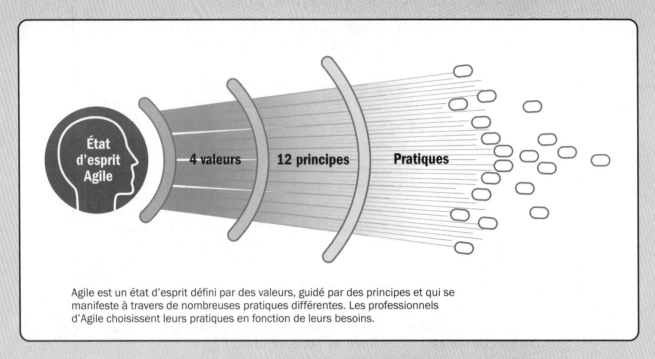

Agile est un état d'esprit défini par des valeurs, guidé par des principes et qui se manifeste à travers de nombreuses pratiques différentes. Les professionnels d'Agile choisissent leurs pratiques en fonction de leurs besoins.

Figure 2-3. Relation entre les valeurs, les principes et les pratiques courantes du Manifeste Agile.

La figure 2-3 présente le modèle, inspiré d'Ahmed Sidky, qui expose l'agilité comme un état d'esprit défini par les valeurs et guidé par les principes du Manifeste Agile et enfin concrétisé par différentes pratiques. Il est intéressant de noter que si le terme « Agile » s'est popularisé avec le Manifeste, les approches et les techniques utilisées par les équipes projet aujourd'hui existent depuis bien plus longtemps.

Les *approches et méthodes Agile* sont des termes génériques qui recouvrent plusieurs cadres de travail et méthodes. La figure 2-4 replace l'agilité dans son contexte et la considère comme un terme général pour faire référence à un type d'approche, de technique, de cadre de travail, de méthode ou de pratique qui respecte les valeurs et les principes du Manifeste Agile. Elle présente également les méthodes Agile et Kanban en tant que sous-ensembles de la méthode Lean. En effet, ce sont des instances de réflexion Lean qui partagent des concepts Lean, tels que : la « focalisation sur la valeur », les « petits lots » et l'« élimination des gaspillages ».

L'agilité est-elle une approche, une méthode, une pratique, une technique ou un cadre de travail ? Une partie ou la totalité de ces termes peut s'appliquer selon la situation. Ce guide utilise le terme « approche », sauf si l'un des autres termes est évidemment mieux adapté.

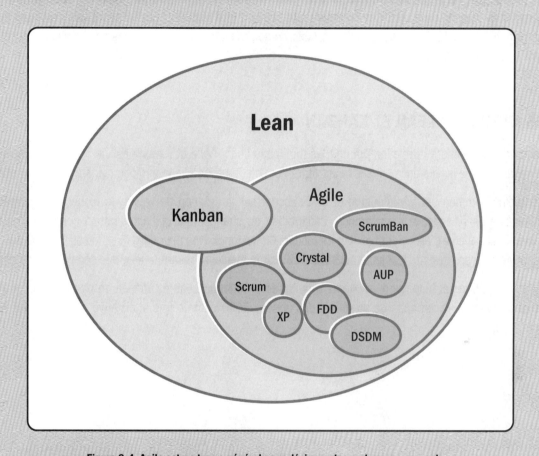

Figure 2-4. Agile est un terme général pour désigner de nombreuses approches.

En règle générale, il existe deux stratégies pour respecter les valeurs et les principes Agile. La première consiste à adopter une approche Agile formelle, intentionnellement conçue et éprouvée pour atteindre les résultats souhaités. Il convient ensuite de prendre le temps d'apprendre et de comprendre les approches Agile avant de les modifier ou de les adapter. Une adaptation prématurée et peu rigoureuse peut minimiser les effets de l'approche et en limiter les bénéfices. *(Voir l'appendice X2 pour connaître les considérations relatives à l'adaptation.)*

La seconde stratégie consiste à modifier les pratiques du projet de manière à adapter le contexte du projet et à progresser par rapport à une valeur ou à un principe fondamental. Utilisez les timeboxes (intervalles de durée fixe) afin de créer des fonctionnalités ou des techniques spécifiques pour les améliorer de façon itérative. Pensez à diviser un grand projet en plusieurs releases, si le contexte du projet le permet. Enfin, apportez des changements qui contribueront à la réussite du projet. Ces changements peuvent être réalisés hors du cadre des pratiques formelles de l'organisation. L'objectif final n'est pas d'être Agile en soi, mais d'offrir un flux constant de valeur aux clients et d'atteindre de meilleurs résultats.

2.3 LES MÉTHODES LEAN ET KANBAN

Une façon de comprendre la relation qui unit les méthodes Lean, Agile et Kanban est de considérer les méthodes Agile et Kanban comme issues de la pensée Lean. Autrement dit, la pensée Lean englobe des attributs Agile et Kanban.

Ce patrimoine commun est très similaire et met l'accent sur la création de valeur, le respect des personnes, la minimisation des gaspillages, la transparence, l'adaptation au changement et l'amélioration continue. Les équipes projet trouvent parfois utile d'associer plusieurs méthodes. Ce qui fonctionne pour l'organisation ou l'équipe doit être fait indépendamment de son origine. L'objectif consiste à obtenir le meilleur résultat, quelle que soit l'approche employée.

La méthode Kanban est inspirée du système originel de production Lean et utilisée en particulier pour le travail lié à la connaissance. Elle est apparue au milieu des années 2000 comme une alternative aux méthodes Agile qui prévalaient à l'époque.

La méthode Kanban est moins contraignante que certaines approches Agile mais aussi moins perturbante, car il s'agit de l'approche « Start where you are » (« Commencez de là où vous êtes ») d'origine. Les équipes projet peuvent commencer à appliquer la méthode Kanban avec une certaine facilité et progresser vers d'autres approches Agile si elles l'estiment nécessaire ou approprié. Pour en savoir plus sur la méthode Kanban, consultez l'annexe A3 intitulée Présentation des cadres de travail Agile et Lean.

●●●●●

CAS

La méthode Kanban, ainsi que son appartenance au mouvement Lean ou Agile, suscitent et susciteront sans doute toujours des discussions. Elle a été conçue dans et autour du secteur de la production Lean, mais elle est largement utilisée dans les contextes Agile.

●●●●●

2.4 INCERTITUDE, RISQUE ET SÉLECTION DU CYCLE DE VIE

Certains projets comportent un degré important d'incertitude autour des exigences du projet et de la façon de les satisfaire à l'aide des connaissances et des technologies actuelles. Ces incertitudes peuvent contribuer à des taux de changement élevés et au niveau de la complexité du projet. Ces caractéristiques sont illustrées à la figure 2-5.

L'incertitude du projet augmente avec le risque de reprise du livrable et le besoin d'utiliser une approche différente. Pour limiter l'impact de ces risques, les équipes sélectionnent des cycles de vie qui leur permettent de gérer les projets comportant une incertitude élevée au moyen de petits incréments de travail.

Elles peuvent vérifier leur travail lorsqu'elles utilisent de petits incréments et modifier ce qui vient ensuite. Lorsque les équipes livrent de petits incréments, elles peuvent mieux comprendre les réelles exigences du client, de façon plus rapide et précise qu'avec une spécification écrite statique.

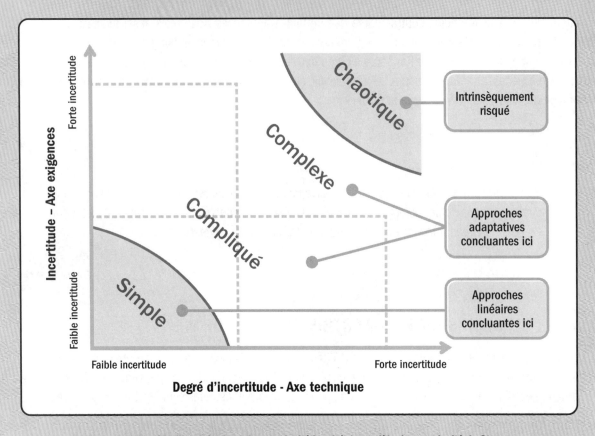

Figure 2-5. Modèle d'incertitude et de complexité inspiré du modèle de complexité de Stacey.

Les équipes peuvent facilement planifier et gérer des projets à l'aide d'exigences claires et stables et de défis techniques précis. Néanmoins, l'incertitude du projet augmente avec la probabilité de changements, le travail inutile et les reprises, ce qui est long et coûteux.

Certaines équipes ont fait évoluer les cycles de vie du projet afin d'utiliser des approches itératives et incrémentales. Bon nombre d'équipes remarquent qu'en examinant les exigences de façon itérative et en livrant davantage par incréments, elles s'adaptent plus facilement aux changements. Ces approches itératives et incrémentales permettent de réduire les gaspillages et les reprises, car les équipes obtiennent un retour. Ces approches utilisent :

◆ des boucles de rétroaction très courtes ;

◆ une adaptation fréquente du processus ;

◆ une réhiérarchisation des priorités ;

◆ des plans régulièrement mis à jour ;

◆ de fréquentes livraisons.

Que signifient projets simples, projets compliqués et projets complexes ? Pensez à de grands projets, tels que la construction du Big Dig à Boston, aux États-Unis. De prime abord, le projet semblait assez simple. Il suffisait d'enfouir l'autoroute surélevée sous terre. Il y avait presque unanimité sur les exigences (voir l'axe Y de la figure 2-5) et peu d'incertitude sur le déroulement du projet jusqu'au démarrage. Comme souvent pour de nombreux grands projets, il y a eu des imprévus.

Si une équipe travaille sur un projet qui laisse peu de place aux livrables intermédiaires ou au prototypage, elle utilisera très probablement un cycle de vie prédictif pour le gérer. L'équipe peut s'adapter à ce qui se présente, mais ne sera pas en mesure d'utiliser des approches Agile pour gérer la découverte itérative d'exigences ou de livrables incrémentaux pour commentaire.

Le projet Big Dig était loin d'être simple. Cependant, de nombreux projets qui commencent dans la partie en bas à gauche du modèle de complexité de Stacey n'ont pas réellement la possibilité de dévier vers d'autres approches. Évaluez le projet, aussi bien au niveau des exigences que des moyens de livraison, afin de déterminer la meilleure approche pour le cycle de vie du projet.

Ces approches itératives, incrémentales et agiles conviennent aux projets qui utilisent des outils, des techniques, des matériaux ou des domaines d'application nouveaux ou innovants. (Voir la section 3 sur la sélection du cycle de vie.) Elles conviennent également pour les projets où :

◆ la recherche et le développement sont nécessaires ;

◆ les taux de changement sont élevés ;

◆ les exigences, l'incertitude ou le risque sont imprécis ou inconnus ; ou

◆ l'objectif final est difficile à décrire.

En établissant un petit incrément puis en le testant et en l'analysant, l'équipe peut se pencher sur l'incertitude à moindre coût et en peu de temps, réduire le risque et maximiser la création de valeur. Cette incertitude peut porter sur la pertinence et les exigences (réalise-t-on le bon produit ?), la faisabilité technique et la performance (ce produit peut-il être réalisé ainsi ?) ou le processus et le personnel (l'équipe travaille-t-elle de façon efficace ?). Ces trois caractéristiques, à savoir la spécification du produit, la capacité de production et l'adaptation du processus, comportent généralement une forte incertitude.

Cependant, les approches itératives et incrémentales ont des limites quant à leur applicabilité. Lorsqu'il existe une forte incertitude autour des technologies et des exigences (partie en haut à droite de la figure 2-5), le projet passe de complexe à chaotique. Pour que le projet soit aussi fiable que possible, il doit maîtriser une des variables d'incertitude.

3

SÉLECTION DU CYCLE DE VIE

Les projets se présentent sous bien des formes et peuvent être entrepris de bien des manières. Les équipes projet doivent connaître les caractéristiques et les options disponibles afin de choisir la meilleure approche à une situation donnée.

Ce guide aborde quatre types de cycles de vie définis ci-après.

◆ **Cycle de vie prédictif.** Approche plus traditionnelle, dont la planification a lieu pour l'essentiel au préalable, puis est exécutée en une seule opération ; un processus séquentiel.

◆ **Cycle de vie itératif** Approche permettant un retour d'information visant à améliorer et à modifier le travail inachevé.

◆ **Cycle de vie incrémental.** Approche offrant des livrables finis que le client est en mesure d'utiliser immédiatement.

◆ **Cycle de vie Agile.** Approche à la fois itérative et incrémentale visant à affiner les éléments de travail et à effectuer des livraisons fréquentes.

COMMENT FAUT-IL APPELER LES APPROCHES NON AGILE ?

Il n'existe pas de terme universel pour décrire les approches non Agile. Au départ, ce guide utilisait l'expression *approche orientée par les plans* pour décrire l'importance d'un plan initial puis l'exécution de ce plan. Certains préfèrent les termes *waterfall* (en cascade) ou *de série* pour décrire ce cycle de vie. Finalement, nous avons choisi le terme *prédictif*, car c'est celui utilisé dans le *Guide du Corpus des connaissances en management de projet (Guide PMBOK®)* [3] et le Software Extension to the *PMBOK® Guide* Fifth Edition [4].

Bon nombre d'organisations ne se trouvent pas dans ces extrêmes et occupent au contraire une position intermédiaire. Ceci est naturel, mais nous devons tout de même aborder ces deux extrémités du spectre. Si *Agile* se situe à une extrémité, nous appellerons l'autre *prédictif*.

3.1 CARACTÉRISTIQUES DES CYCLES DE VIE DU PROJET

Le tableau 3-1 résume les caractéristiques des quatre catégories de cycle de vie traitées dans ce guide.

Tableau 3-1. Caractéristiques des quatre catégories de cycle de vie

Caractéristiques				
Approche	**Exigences**	**Activités**	**Livraison**	**Objectif**
Prédictive	Fixées	Exécutée une fois pour l'intégralité du projet	Livraison unique	Gérer les coûts
Itérative	Dynamique	Répétée jusqu'à être correcte	Livraison unique	Obtenir une solution correcte
Incrémentale	Dynamique	Exécutée une fois pour un incrément donné	Petites livraisons fréquentes	Être rapide
Agile	Dynamique	Répétée jusqu'à être correcte	Petites livraisons fréquentes	Créer de la valeur pour le client grâce à des livraisons fréquentes et à un retour d'information

Il est important de remarquer que tous les projets présentent ces caractéristiques. Aucun ne fait fi des exigences, de la livraison, du changement et des objectifs. Les caractéristiques intrinsèques d'un projet déterminent quel cycle de vie est le mieux adapté.

Une autre façon de comprendre les variations des cycles de vie d'un projet consiste à utiliser un continuum allant des cycles prédictifs, d'un côté, aux cycles Agile, de l'autre, avec davantage de cycles itératifs ou incrémentaux entre les deux.

La figure X3-1 de l'annexe X3 du *Guide PMBOK®* – Sixième édition présente le continuum comme une ligne plate. Elle représente le passage des caractéristiques d'un projet d'une extrémité à l'autre. Le carré en deux dimensions, illustré à la figure 3-1, est une autre façon de représenter ce continuum.

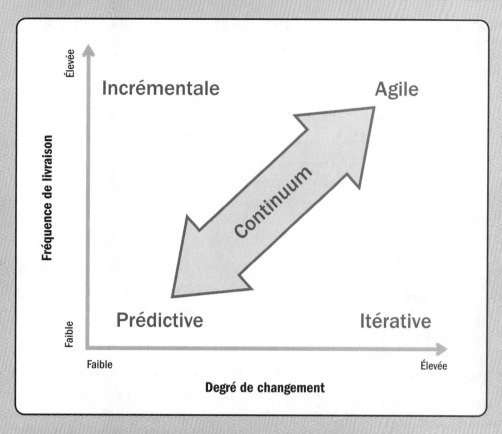

Figure 3-1. Le continuum des cycles de vie.

Aucun cycle de vie n'est parfait pour tous les projets. En revanche, chaque projet trouve une place sur le continuum qui constitue un équilibre optimal des caractéristiques dans son contexte. En particulier,

◆ **Cycles de vie prédictifs.** Cette approche consiste à tirer parti des éléments qui sont connus et prouvés. La réduction de l'incertitude et de la complexité permet aux équipes de segmenter le travail en une séquence de groupements prévisibles.

◆ **Cycles de vie itératifs.** Ils permettent un retour d'information visant à améliorer et à modifier le travail inachevé ou partiellement achevé.

◆ **Cycles de vie incrémentaux.** Ils offrent des livrables finis que le client est en mesure d'utiliser immédiatement.

◆ **Cycles de vie Agile.** Cette approche consiste à miser sur les deux aspects des caractéristiques itératives et incrémentales. Lorsque les équipes utilisent des approches agiles, elles effectuent une itération sur le produit afin de créer des livrables finis. L'équipe obtient rapidement un retour d'information. Elle assure ainsi au client une visibilité, une confiance et la maîtrise du produit. La release pouvant être effectuée plus tôt, le projet permet un retour sur investissement plus précoce étant donné que l'équipe crée les artefacts à plus haute valeur en premier.

3.1.1 CARACTÉRISTIQUES DES CYCLES DE VIE PRÉDICTIFS

Les cycles de vie prédictifs permettent de profiter d'une forte certitude, conséquence d'exigences strictes, de la stabilité de l'équipe et d'un faible niveau de risque. Par conséquent, les activités du projet sont souvent menées en série, comme l'illustre la figure 3-2.

Pour faire aboutir cette approche, l'équipe a besoin de plans détaillés pour savoir quoi livrer et comment. La réussite de ces projets est assurée lorsque d'autres éventuels changements sont limités. (Par exemple, des changements au niveau des exigences, les changements de livraisons de la part des membres de l'équipe projet.) Pour le projet prédictif, les chefs d'équipe visent à limiter au minimum le changement.

Lorsque l'équipe crée des exigences et des plans détaillés au début du projet, elle peut formuler des contraintes. L'équipe peut ensuite utiliser ces contraintes pour gérer les risques et les coûts. À mesure que l'équipe avance dans le plan détaillé, elle suit et contrôle les changements susceptibles d'affecter le périmètre, l'échéancier ou le budget.

En mettant l'accent sur une séquence de travail en série, les projets prédictifs ne créent généralement de valeur qu'à leur terme. Si un projet prédictif connaît des changements ou des désaccords au niveau des exigences, ou si la solution technologique est plus compliquée que prévu, des coûts non anticipés seront encourus.

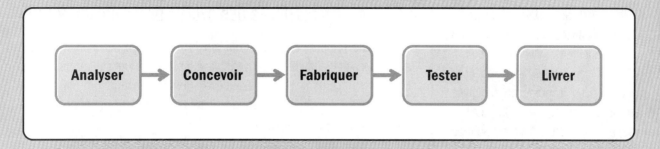

Figure 3-2. Cycle de vie prédictif.

3.1.2 CARACTÉRISTIQUES DES CYCLES DE VIE ITÉRATIFS

Les cycles de vie itératifs améliorent le produit ou le résultat grâce à une succession de prototypes ou de démonstrations de faisabilité. Chaque nouveau prototype apporte un nouveau retour d'information des parties prenantes et de nouvelles idées à l'équipe. Ensuite, l'équipe intègre les nouvelles informations en répétant au moins une des activités du projet dans le cycle suivant. L'équipe peut utiliser les timeboxes (intervalles de durée fixe) sur une itération donnée pendant plusieurs semaines, recueillir des informations puis revenir sur l'activité en fonction de ces informations. Ainsi, les itérations contribuent à identifier et à réduire l'incertitude d'un projet.

Les projets bénéficient de cycles de vie itératifs s'ils présentent une grande complexité, s'ils génèrent des changements fréquents ou si le périmètre est soumis aux perspectives divergentes des parties prenantes sur le produit final souhaité. Les cycles de vie itératifs peuvent être plus longs, car ils sont davantage axés sur l'apprentissage que sur la rapidité de livraison.

La figure 3-3 illustre certains éléments d'un cycle de vie de projet itératif pour la livraison d'un seul produit.

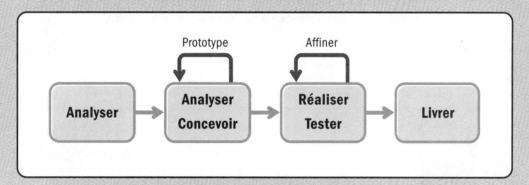

Figure 3-3. Cycle de vie itératif.

3.1.3 CARACTÉRISTIQUES DES CYCLES DE VIE INCRÉMENTAUX

Certains projets se concentrent sur la rapidité de livraison. Certaines entreprises et initiatives ne peuvent pas attendre que tout soit terminé. Dans ce cas, les clients sont prêts à recevoir un sous-ensemble de la solution globale. Cette livraison fréquente de livrables plus petits est appelée cycle de vie incrémentale (voir figure 3-4).

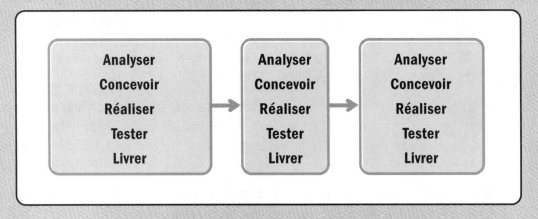

Figure 3-4. Cycle de vie comportant des incréments de taille variable.

Les cycles de vie incrémentaux optimisent le travail afin de créer de la valeur pour les sponsors ou les clients plus régulièrement qu'en une seule fois pour un produit final. Les équipes planifient d'abord les premières livraisons puis commencent à travailler sur la première dès que possible. Certains projets Agile créent de la valeur quelques jours après le lancement du projet. D'autres prennent plus de temps, allant d'une à plusieurs semaines.

À mesure que le projet avance, l'équipe peut s'écarter de la vision d'origine. Ces écarts sont gérables, car l'équipe crée de la valeur plus tôt. Le degré de changement et de variation est moins important que le fait de s'assurer que les clients obtiennent de la valeur avant le terme du projet.

La livraison d'une seule fonctionnalité ou d'un élément de travail fini au client illustre cette approche incrémentale.

Par exemple, des constructeurs souhaitent montrer une pièce ou un étage fini d'un immeuble avant de poursuivre le chantier. Dans ce cas, ils peuvent terminer l'étage avec les aménagements, la peinture et tout ce qui est nécessaire avant de passer à l'étage suivant. Le client peut voir et approuver le style, la couleur et les autres détails. Ainsi, il est possible de procéder à des ajustements avant d'effectuer d'autres investissements de temps et d'argent. Ceci permet de réduire d'éventuelles reprises et/ou l'insatisfaction du client.

Complétude et livraison sont des notions subjectives. L'équipe peut avoir besoin d'un retour d'information sur un prototype pour ensuite choisir de livrer un produit viable a minima à un sous-ensemble de clients. Grâce à ce retour d'information de la part des clients, l'équipe est à même de savoir ce dont elle a besoin pour la prochaine livraison de la dernière fonctionnalité finie.

Les équipes Agile se démarquent principalement en créant fréquemment de la valeur. À mesure que le produit ajoute davantage de fonctionnalités et vise davantage d'utilisateurs, on dit qu'il est livré de façon incrémentale.

3.1.4 CARACTÉRISTIQUES DES CYCLES DE VIE AGILE

Dans un environnement Agile, l'équipe escompte que les exigences changent. Les approches itératives et incrémentales fournissent un retour d'information afin de mieux planifier la prochaine partie du projet. Cependant, pour les projets Agile, la livraison incrémentale permet d'éliciter des exigences cachées ou incomprises. La figure 3-5 illustre deux manières possibles de réaliser une livraison incrémentale afin d'adapter le projet aux besoins du client.

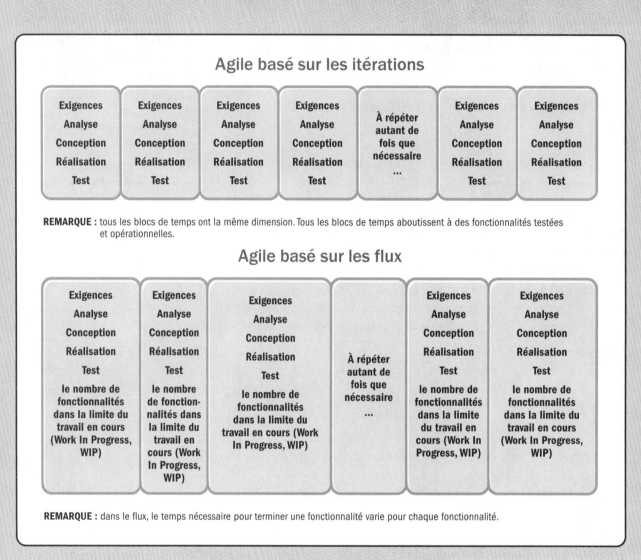

Figure 3-5. Cycles de vie Agile itératifs et par flux.

Dans un cycle de vie Agile itératif, l'équipe travaille par itérations (timeboxes, intervalles de durée égale) pour livrer les fonctionnalités terminées. Elle se penche sur la fonctionnalité la plus importante de manière collaborative en vue de la terminer. Ensuite, elle passe à la prochaine fonctionnalité la plus importante et la termine. L'équipe peut décider de travailler sur plusieurs nouvelles fonctionnalités, mais ne peut traiter tout le travail de l'itération en une fois. Autrement dit, elle ne peut pas traiter toutes les exigences, puis toutes les analyses, etc.

Dans un cycle de vie Agile basé sur le flux, l'équipe extrait les fonctionnalités du backlog selon sa capacité à démarrer le travail plutôt qu'un échéancier itératif. L'équipe définit son flux de travail avec des colonnes sur un tableau des tâches. Elle gère le travail en cours de chaque colonne. La réalisation de chacune de fonctionnalités nécessite plus ou moins de temps. Les équipes limitent la taille du travail en cours afin d'identifier les problèmes le plus tôt possible et de réduire les reprises en cas de changements. En l'absence d'itérations pour définir la planification et les revues, l'équipe et les parties prenantes déterminent l'échéancier le plus approprié pour la planification, les revues de produit et les rétrospectives.

Les cycles de vie Agile respectent les principes du Manifeste Agile. La satisfaction du client, en particulier, augmente avec une livraison anticipée et régulière de produits de valeur. De plus, un livrable incrémental qui est fonctionnel et crée de la valeur est le principal indicateur d'avancement. Les cycles de vie Agile associent les approches itératives et incrémentales afin de s'adapter à des changements importants et de créer plus fréquemment de la valeur dans le projet.

3.1.5 FILTRES DE PERTINENCE AGILE

Il existe différents modèles d'évaluation qui permettent de déterminer si des approches Agile sont adaptées ou non. Ces modèles évaluent les facteurs projet et organisationnels associés à l'adoption et à la pertinence d'une approche Agile. Ensuite, ils attribuent une note qui indique les domaines conformes ou les risques potentiels. L'annexe X3 contient une synthèse des modèles d'évaluation les plus utilisés en tant que filtre de pertinence Agile.

3.1.6 CARACTÉRISTIQUES DES CYCLES DE VIE HYBRIDES

L'utilisation d'une seule approche pour l'intégralité d'un projet n'est pas obligatoire. Les projets associent souvent des éléments de différents cycles de vie afin d'atteindre certains objectifs. Une association d'approches prédictives, itératives, incrémentales ou Agile est appelée une approche hybride.

La figure 3-6 décrit l'association d'approches pures et basiques de types de projets pour former un modèle hybride. Les premiers processus utilisent un cycle de vie de développement Agile, qui est ensuite suivi d'une phase de déploiement prédictive. Cette approche peut être utilisée en cas d'incertitude, de complexité et de risque dans la partie développement du projet qui pourrait bénéficier d'une approche Agile, suivie d'une phase de déploiement répétable et définie à entreprendre de manière prédictive, éventuellement par une autre équipe. Il s'agit, par exemple, du développement d'un nouveau produit de haute technologie suivi du déploiement et de la formation de milliers d'utilisateurs.

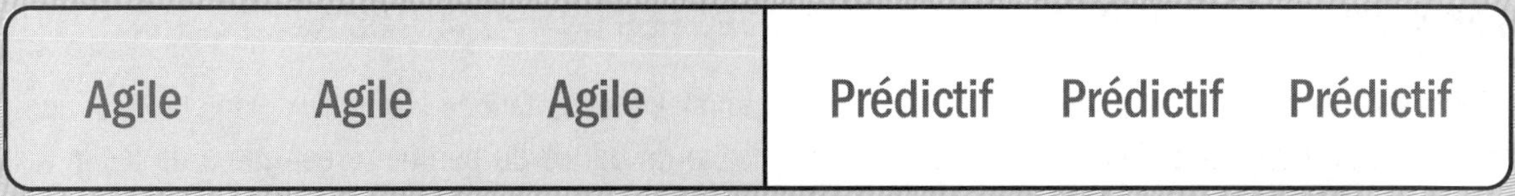

| Agile | Agile | Agile | Prédictif | Prédictif | Prédictif |

Figure 3-6. Développement Agile suivi d'un déploiement prédictif.

3.1.7 APPROCHES AGILES ET PRÉDICTIVES COMBINÉES

Une autre approche consiste à utiliser une combinaison d'approches agiles et prédictives tout au long du cycle de vie.

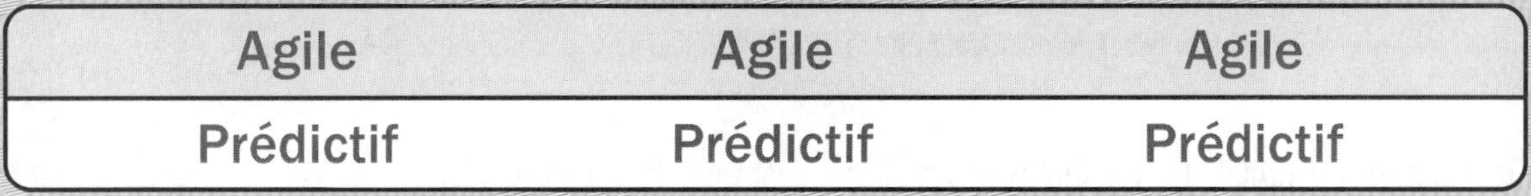

Agile	Agile	Agile
Prédictif	Prédictif	Prédictif

Figure 3-7. Combinaison d'approches agiles et prédictives utilisée simultanément.

Dans la figure 3-7, une combinaison des approches agiles et prédictives est utilisée pour le même projet. Peut-être que l'équipe effectue une transition incrémentale vers l'agilité à l'aide d'approches, comme les itérations courtes, les daily standups et les rétrospectives, mais que d'autres aspects du projet, comme l'estimation préalable, l'affectation et le suivi de l'avancement, suivent toujours des approches prédictives.

La combinaison d'approches prédictives et agiles est monnaie courante. Il serait erroné de la qualifier d'approche Agile, car elle n'incarne manifestement pas totalement l'état d'esprit, les valeurs et les principes Agile. Néanmoins, il serait aussi inexact de la qualifier de prédictive, car il s'agit d'une approche hybride.

3.1.8 APPROCHE À PRÉDOMINANCE PRÉDICTIVE AVEC DES COMPOSANTES AGILE

La figure 3-8 présente un petit élément Agile dans un projet à prédominance prédictive. Dans ce cas, une partie du projet assortie d'incertitude, de complexité ou de possibilité de dérive du périmètre est gérée de façon agile. En revanche, le reste du projet est traité à l'aide d'approches prédictives. Il pourrait s'agir, par exemple, d'une société d'ingénierie qui construit une installation avec un nouveau composant.

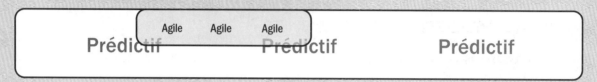

Figure 3-8. Approche en grande partie prédictive avec des composantes Agile.

Si la majorité du projet est routinière et prévisible, comme de nombreux autres projets d'installation entrepris auparavant par l'organisation, ce projet intègre un nouveau matériau de toiture. L'entrepreneur peut d'abord planifier des essais d'installation à petite échelle sur le terrain afin de déterminer la meilleure méthode d'installation et de déceler d'éventuels problèmes au plus tôt. Cela lui donne le temps de les résoudre et d'améliorer les processus de façon incrémentale grâce à l'expérimentation et à l'adaptation.

3.1.9 APPROCHE ESSENTIELLEMENT AGILE AVEC UNE COMPOSANTE PRÉDICTIVE

La figure 3-9 décrit une approche essentiellement agile avec une composante prédictive. Cette approche pourrait être utilisée lorsqu'un élément particulier est non négociable ou non réalisable au travers d'une approche agile. Il s'agit, par exemple, de l'intégration d'un composant externe développé par un autre fournisseur qui ne peut ou ne pourra pas s'associer de façon collaborative ou incrémentale. Une unique intégration est alors nécessaire une fois le composant livré.

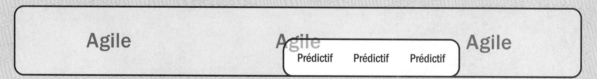

Figure 3-9. Approche essentiellement Agile avec une composante prédictive.

Une agence gouvernementale avait un projet de développement d'application d'assurance-crédit. Ce projet pluriannuel devait remplacer son système de souscription vieillissant par de nouvelles interfaces utilisateur et intégrations système plus réactives. Le projet était en grande partie entrepris à l'aide d'une approche Agile avec des données d'entrée constantes de la part de l'organisation.

Les calculs des taux de prime étaient transmis par l'Organisation de Coopération et de Développement Économiques (OCDE) sous forme de cahier des charges de 200 pages. Les étapes étaient très clairement expliquées et laissaient peu de place à la confusion (ou une confirmation de résultat provisoire par l'organisation). Par ailleurs, elles étaient codées par une équipe distincte qui a traité ces étapes de calcul. Les deux équipes ont collaboré sur les variables d'entrée nécessaires au calcul et à la façon d'exploiter et de présenter les valeurs des résultats. Mais au-delà de cela, l'équipe chargée des calculs a travaillé de façon essentiellement prédictive.

Lorsque le travail de l'équipe chargée des calculs était terminé, les résultats des calculs des taux de prime étaient affichés sur les écrans et présentés dans les rapports. Ensuite, les utilisateurs ont fourni un retour d'information sur l'apparence et l'utilisation des données. Les deux équipes travaillaient simultanément, mais avaient besoin de peu d'interaction. Leur proximité physique a facilité la vérification de l'avancement du développement. Cependant, il y avait en grande partie des sous-projets distincts.

3.1.10 CYCLES DE VIE HYBRIDES COMME ADAPTATION À LA FINALITÉ

Les équipes projet peuvent concevoir un cycle de vie hybride basé sur les risques du projet. Par exemple, un projet de construction d'un campus peut nécessiter l'amélioration et la construction de plusieurs bâtiments. Une approche incrémentale concentrerait les ressources sur la réalisation de certains bâtiments plus tôt que d'autres, accélérant le retour sur investissement. Chaque livraison individuelle peut être suffisamment définie pour bénéficier d'un cycle de vie prédictif pour ce bâtiment particulier.

L'objectif du management de projet est de créer de la valeur de la meilleure façon possible compte tenu de l'environnement. Peu importe s'il s'agit d'une approche agile ou prédictive. La question qu'il convient de se poser est : « Comment rencontrer le plus grand succès ? »

Le retour d'information est-il indispensable lorsque l'équipe crée de la valeur ? Auquel cas, les incréments seront utiles. Est-il nécessaire de gérer le risque à mesure que les idées sont explorées ? Auquel cas, les itérations ou l'agilité seront utiles.

Lorsque l'organisation ne peut pas créer de valeur intermédiaire, les approches Agile peuvent s'avérer inutiles. C'est admissible ; l'agilité pour l'agilité n'est pas l'objectif. Le but est de choisir un cycle de vie ou une combinaison de cycles de vie appropriés pour le projet, les risques et la culture.

L'agilité, c'est livrer régulièrement au client. Cette livraison crée un retour d'information pour l'équipe. L'équipe utilise ce retour d'information pour planifier et replanifier le prochain lot de travaux.

3.1.11 CYCLES DE VIE HYBRIDES EN TANT QUE STRATÉGIE DE TRANSITION

Bon nombre d'équipes ne sont pas capables de passer à des manières Agile du jour au lendemain. Aux équipes qui sont habituées aux techniques prédictives, et avec lesquelles elles ont obtenu de bons résultats, les techniques Agile paraissent très différentes. Plus l'organisation est grande ou plus il y a d'éléments mouvants, plus il faut de temps pour effectuer une transition. C'est pourquoi il est judicieux de planifier une transition progressive.

Une transition progressive implique l'ajout de techniques plus itératives pour améliorer l'apprentissage et l'adaptation parmi les équipes et les parties prenantes. Ensuite, il conviendra d'ajouter des techniques plus incrémentales afin d'accélérer la création de valeur et le retour sur investissement pour les sponsors. Cette combinaison d'approches différentes est appelée approche hybride.

Essayez ces nouvelles techniques sur un projet moins risqué avec un niveau d'incertitude intermédiaire, voire faible. Ensuite, lorsque l'organisation maîtrise l'approche hybride, essayez des projets plus complexes qui nécessitent l'ajout de davantage de ces techniques. Il s'agit d'une façon d'adapter la transition hybride progressive à la situation et aux risques spécifiques de l'organisation ainsi que de la capacité de l'équipe et sa prédisposition au changement.

3.2 MÉLANGE DES APPROCHES AGILE

Les équipes agiles limitent rarement leurs pratiques à une approche Agile. Chaque contexte de projet possède ses propres bizarreries : par exemple, une équipe composée de membres aux compétences et aux formations variées, la variété des composants du produit en développement ou encore l'ancienneté, la taille, la criticité, la complexité et les contraintes réglementaires de l'environnement où a lieu le travail.

Les cadres de travail Agile ne sont pas personnalisés à l'équipe. L'équipe doit adapter les pratiques pour créer régulièrement de la valeur. Les équipes utilisent souvent leur propre combinaison Agile, même si elles démarrent avec un cadre de travail spécifique.

APPROCHES MIXTES

À titre d'exemple d'adaptation des cadres de travail Agile, l'une des combinaisons les plus courantes utilisées à grande échelle implique un emploi coordonné du cadre de travail Scrum, de la méthode Kanban et des éléments de la méthode eXtreme Programming (XP). Scrum fournit des indications sur l'utilisation d'un backlog de produit, d'un product owner, d'un scrum master et d'une équipe de développement pluridisciplinaire, y compris la planification du sprint, le daily scrum, la revue de sprint et les sessions rétrospectives du sprint. Grâce au tableau kanban, l'équipe peut continuer d'améliorer son efficacité en visualisant le flux de travail, en mettant en évidence les obstacles et permettant au flux d'être géré en ajustant le travail dans les limites du processus. De plus, les pratiques techniques inspirées de la méthode XP, comme l'utilisation de story-cards, l'intégration continue, le remaniement, les tests automatisés et le développement orienté par les tests, accroissent l'efficacité de l'équipe Agile. En résumé, le mélange des pratiques issues de ces différentes sources produit par synergie un résultat émergeant de performances plus élevées que chaque composant individuel pris à part.

3.3 FACTEURS DU PROJET QUI INFLUENCENT L'ADAPTATION

Parfois, les attributs du projet nécessitent l'adaptation d'une approche. Le tableau 3-2 identifie certains facteurs du projet et les options d'adaptation à prendre en compte.

Tableau 3-2. Options d'adaptation pour une meilleure adéquation.

Facteur du projet	Options d'adaptation
Type de demande : régulière ou ponctuelle	De nombreuses équipes pensent que l'utilisation d'une cadence (sous forme de bloc de temps régulier) les aide à faire une démonstration, une rétrospective et à accepter un nouveau travail. De plus, certaines équipes ont besoin de plus de souplesse pour accepter une charge de travail accrue. Les équipes peuvent utiliser une approche Agile basée sur le flux avec une cadence afin d'en tirer le meilleur des deux.
Taux d'amélioration des processus requis par le niveau d'expérience de l'équipe.	Augmenter la fréquence des rétrospectives et choisir les améliorations.
Le flux de travail est souvent interrompu par des retards ou des obstacles.	Donner de la visibilité au travail en utilisant des tableaux kanban et en testant les limites des différents domaines du processus de travail afin d'améliorer le flux.
La qualité des incréments du produit est mauvaise.	Utiliser les diverses pratiques de développement orienté par les tests. Cette discipline d'évitement des erreurs permet de détecter les moindres défauts.
Plusieurs équipes sont nécessaires pour réaliser un produit.	Pour passer d'une à plusieurs équipes Agiles, avec le moins de complications possible, il faut d'abord connaître le management de programme Agile ou les cadres de travail de changement d'échelle. Ensuite, il convient d'élaborer une approche adaptée au contexte du projet.
Les membres de l'équipe projet n'ont jamais utilisé d'approches Agile.	Commencer par former les membres de l'équipe à l'état d'esprit et aux principes fondamentaux Agile. Si l'équipe décide d'utiliser une approche spécifique, comme Scrum ou Kanban, il convient d'organiser un atelier correspondant afin qu'elle puisse apprendre à s'en servir.

Pour mieux comprendre les facteurs qui influencent l'adaptation, consultez l'annexe X2 intitulée Attributs qui influencent l'adaptation.

4

MISE EN ŒUVRE D'AGILE : CRÉATION D'UN ENVIRONNEMENT AGILE

4.1 UN ÉTAT D'ESPRIT AGILE POUR COMMENCER

Pour pouvoir gérer un projet à l'aide d'une approche Agile, l'équipe projet doit tout d'abord adopter un état d'esprit Agile. Les réponses aux questions suivantes aideront à élaborer une stratégie de mise en œuvre :

◆ Comment l'équipe projet peut-elle être Agile ?

◆ Quels éléments l'équipe peut-elle livrer rapidement et obtenir un retour d'information précoce afin de passer au prochain cycle de livraison ?

◆ Comment l'équipe projet peut-elle agir avec transparence ?

◆ Quelle activité faut-il écarter pour se concentrer sur des éléments à priorité élevée ?

◆ En quoi l'atteinte des objectifs de l'équipe peut-elle être bénéfique à une approche servant leadership (le leadership au service de l'équipe) ?

4.2 LE SERVANT LEADERSHIP RESPONSABILISE L'ÉQUIPE

Les approches agiles mettent en avant le servant leadership comme approche pour responsabiliser les équipes. Le servant leadership est un concept basé sur le principe qu'un leader doit être au service de son équipe. Pour cela, il doit comprendre et répondre aux besoins et au développement des membres de l'équipe afin d'obtenir les meilleures performances possible.

Le rôle d'un servant leader, ou leader-serviteur, consiste à aider l'équipe à découvrir et à définir la notion d'agilité. Les leaders-serviteurs pratiquent et diffusent les approches Agile. Ils abordent le travail du projet selon l'ordre qui suit.

◆ **Objet.** Associez-vous à l'équipe en vue de définir le « pourquoi », ou objet, afin qu'elle s'implique et converge vers l'objectif du projet. Toute l'équipe est optimisée au niveau du projet plutôt qu'au niveau de la personne.

◆ **Personnel.** Une fois l'objet établi, encouragez l'équipe à créer un environnement où tout le monde peut réussir. Demandez à chaque membre de l'équipe de contribuer au travail du projet.

◆ **Processus.** Ne visez pas un processus Agile « parfait », mais recherchez plutôt les résultats. Si une équipe pluridisciplinaire crée régulièrement une valeur finie et revient sur le produit et le processus, cela signifie que les équipes sont agiles. Le nom que l'équipe donne à son processus importe peu.

Grâce aux caractéristiques suivantes du servant leadership, les leaders de projet deviennent plus agiles et facilitent la réussite de l'équipe :

◆ promouvoir la conscience de soi ;

◆ écouter ;

◆ être au service de l'équipe ;

◆ aider les personnes à évoluer ;

◆ accompagner au lieu de contrôler ;

◆ mettre en avant la sécurité, le respect et la confiance ;

◆ promouvoir l'énergie et la connaissance des autres.

Le servant leadership n'est pas propre à l'agilité, mais, une fois pratiqué, les leaders-serviteurs constatent généralement qu'il s'intègre bien à l'état d'esprit et aux valeurs Agile.

En développant leurs compétences en servant leadership ou en facilitation, ils sont plus susceptibles de devenir agiles. Ainsi, les leaders-serviteurs peuvent aider leurs équipes à collaborer afin de créer de la valeur plus rapidement.

Les équipes agiles performantes adoptent l'état d'esprit de développement (« growth mindset »), où chacun peut apprendre de nouvelles compétences. Lorsque l'équipe et les leaders-serviteurs pensent tous pouvoir apprendre, tous deviennent plus compétents.

4.2.1 LES RESPONSABILITÉS DU LEADER-SERVITEUR

Les leaders-serviteurs gèrent les relations afin d'instaurer une communication et une coordination au sein de l'équipe et de l'organisation. Grâce à ces relations, ils peuvent parcourir l'organisation en vue de soutenir l'équipe. Ce type de soutien permet de lever des obstacles et d'aider l'équipe à rationaliser ses processus. Les leaders-serviteurs comprennent l'agilité et utilisent une approche propre à cet état d'esprit. Ainsi, ils sont en mesure d'aider l'équipe de répondre à ses besoins.

4.2.1.1 LES LEADERS-SERVITEURS FACILITENT

En intervenant comme leaders-serviteurs, les chefs de projet passent d'une « gestion de la coordination » à une « facilitation de la collaboration ». Les facilitateurs aident toute l'équipe à raisonner et à travailler au mieux. Ils encouragent la participation, la compréhension et le partage de la responsabilité sur les résultats de l'équipe. Ils aident l'équipe à créer des solutions acceptables.

Les leaders-serviteurs encouragent la collaboration et la conversation au sein de l'équipe et entre équipes. Par exemple, un leader-serviteur aide à mettre en évidence et à communiquer les goulets d'étranglement au sein d'une équipe et entre équipes afin qu'elles les résolvent.

De plus, le facilitateur favorise la collaboration par le biais de réunions interactives, de dialogues informels et du partage des connaissances. Les leaders-serviteurs y parviennent en devenant des coaches et des intermédiaires impartiaux, au lieu de prendre des décisions dont les autres devraient assumer la responsabilité.

4.2.1.2 LES LEADERS-SERVITEURS LÈVENT LES OBSTACLES ORGANISATIONNELS

La première valeur du Manifeste Agile est « les individus et leurs interactions plus que les processus et les outils ». Plutôt que d'examiner de près les processus qui freinent l'agilité et le travail d'une équipe ou d'une organisation en vue de les rationaliser, le leader-serviteur endosse la responsabilité de mettre les individus et leurs interactions avant les processus et les outils, conformément à la première valeur du Manifeste Agile. Par exemple, si un département a besoin d'une documentation abondante, le rôle du leader-serviteur peut être de s'associer à lui pour examiner les documents nécessaires, aider à créer une compréhension commune de la façon dont les livrables Agiles répondent à ces exigences et évaluer la quantité de documents requise afin que les équipes s'attellent davantage à créer de la valeur plutôt qu'à élaborer une documentation exhaustive.

Les leaders-serviteurs doivent également se pencher sur d'autres processus plus longs qui sont à l'origine de goulets d'étranglement et empêchent une équipe ou une organisation d'être Agile. Parmi des exemples de processus ou de départements à prendre en compte figurent les finances, les comités de maîtrise des changements ou les audits. Les leaders-serviteurs peuvent s'associer et collaborer avec les autres et les inviter à examiner leurs processus afin de soutenir les équipes et les leaders agiles. Par exemple, à quoi bon pour une équipe de livrer un produit fonctionnel toutes les 2 semaines s'il finit dans une file d'attente ou un processus qui pourrait prendre au moins 6 semaines avant une release en raison de la lenteur des processus de livraison ? Bien trop d'organisations connaissent ces processus « goulets d'étranglement » qui empêchent les équipes de livrer rapidement des produits ou des services de valeur. Le leader-serviteur a la capacité de changer ou de lever ces obstacles organisationnels afin de soutenir les équipes de livraison.

COMPÉTENCES INTERPERSONNELLES ET COMPÉTENCES TECHNIQUES

Outre le servant leadership, les membres d'équipe mettent en avant leurs compétences interpersonnelles et d'intelligence émotionnelle, et non seulement leurs compétences techniques. Tous les membres de l'équipe s'efforcent de faire preuve d'initiative, d'intégrité, d'intelligence émotionnelle, d'honnêteté, de collaboration, d'humilité et de volonté à communiquer de diverses manières pour travailler ensemble efficacement.

L'équipe a besoin de ces compétences pour répondre au mieux aux changements de cap du projet et aux changements techniques du produit. Si toute l'équipe peut s'adapter au travail et à chacun de ses membres, elle a davantage de chances de réussir.

4.2.1.3 LES LEADERS-SERVITEURS FACILITENT LA CONTRIBUTION D'AUTRUI

En Agile, l'équipe gère son processus et le produit de son travail. Cette autogestion et cette auto-organisation s'appliquent à tous ceux qui servent et soutiennent l'organisation et le projet. Les leaders-serviteurs ont pour but de répondre aux besoins des équipes, des projets et de l'organisation. Pour cela, ils peuvent travailler avec la gestion des infrastructures afin de créer un espace dédié à l'équipe, avec la direction pour permettre à l'équipe de se focaliser sur un projet à la fois ou avec le product owner en vue d'élaborer des stories avec l'équipe. Certains leaders-serviteurs œuvrent aux côtés d'auditeurs pour affiner les processus requis dans le cadre réglementaire et d'autres travaillent avec le département financier afin d'aider l'organisation à effectuer une transition vers la budgétisation incrémentale.

Le leader-serviteur prépare l'équipe à faire de son mieux. Il influence les projets et encourage l'organisation à penser différemment.

4.2.1.4 RESPONSABILITÉS À PRENDRE EN COMPTE PAR LE LEADER-SERVITEUR

Les leaders-serviteurs peuvent avoir bien des titres. Ce qui importe, c'est ce qu'ils font. Voici quelques exemples de responsabilités d'un leader-serviteur :

◆ Sensibiliser les parties prenantes aux raisons et aux façons d'être Agile. Expliquer les avantages d'une valeur fondée entre autres sur le classement des priorités, des responsabilité et productivité accrues des équipes autonomes et une amélioration de la qualité issue de revues plus fréquentes.

◆ Épauler l'équipe grâce au mentorat, à l'encouragement et au soutien. Prôner la formation et l'évolution de carrière des membres de l'équipe. L'oxymore « Nous dirigeons les équipes en nous tenant derrière elles » illustre bien le rôle du leader qui consiste à faire évoluer les membres de son équipe. Grâce au soutien, à l'encouragement et à l'évolution professionnelle, les membres de l'équipe prennent confiance en eux, acceptent des rôles plus importants et participent à des niveaux plus élevés au sein de leur organisation. Un des rôles principaux du leader-serviteur est d'encourager et de faire évoluer les membres de son équipe dans leurs rôles actuels mais aussi au-delà, même si cela les conduit à quitter l'équipe.

◆ Aider l'équipe dans les activités techniques de management de projet, telles que l'analyse quantitative des risques. Parfois, les membres de l'équipe ne possèdent pas les connaissances ou l'expérience dans les rôles ou les fonctions. Les leaders-serviteurs qui sont plus exposés ou mieux formés aux techniques peuvent soutenir l'équipe en lui proposant une formation ou en menant ces activités.

◆ Célébrer les réussites de l'équipe et encourager les activités de rapprochement avec les groupes externes. Créer des spirales ascendantes d'appréciation et de bonne volonté pour une meilleure collaboration.

4.2.2 RÔLE DU CHEF DE PROJET DANS UN ENVIRONNEMENT AGILE

Le rôle du chef d'un projet Agile est peu connu, car bon nombre de cadres de travail et d'approches Agile n'abordent pas le rôle du chef de projet. Certains professionnels Agile pensent que le rôle du chef de projet est inutile étant donné que les équipes auto-organisées en assument les responsabilités. Cependant, les organisations et les professionnels Agile pragmatiques se rendent compte que les chefs de projet peuvent apporter une grande valeur à de nombreuses situations, leurs rôles et responsabilités étant quelque peu différents.

CONSEIL

La valeur des chefs de projet ne réside pas dans leur fonction mais dans leur capacité à rendre les autres meilleurs.

4.2.3 LES CHEFS DE PROJET S'APPUIENT SUR LE SERVANT LEADERSHIP

Le *Guide PMBOK®* – Sixième édition définit le chef de projet comme « la personne désignée par l'organisation réalisatrice pour diriger l'équipe chargée d'atteindre les objectifs du projet. »

Bon nombre de chefs de projet sont habitués à être au centre de la coordination du projet, à suivre et à présenter le statut de l'équipe au reste de l'organisation. Cette approche convenait tant que les projets étaient décomposés en fonctions cloisonnées.

Toutefois, pour les projets qui connaissent de grands changements, la complexité est telle qu'une seule personne ne peut pas les gérer. En revanche, les équipes pluridisciplinaires coordonnent leur travail et collaborent avec le représentant de l'organisation (le product owner).

Lors d'un projet Agile, les chefs de projet ne sont plus au centre mais au service de l'équipe et de la direction. Dans un contexte Agile, ils sont des leaders-serviteurs qui accompagnent ceux qui ont besoin d'aide, favorisent une plus grande collaboration au sein de l'équipe et s'adaptent aux besoins des parties prenantes. En qualité de leader-serviteur, les chefs de projet encouragent la répartition des responsabilités au sein de l'équipe, autrement dit aux personnes qui disposent des connaissances pour effectuer le travail.

4.3 COMPOSITION DE L'ÉQUIPE

L'importance des personnes et des interactions est fondamentale pour les valeurs et les principes du Manifeste Agile. L'agilité optimise le flux de valeur, en mettant l'accent sur une livraison rapide des fonctionnalités au client plutôt que sur l'affectation des personnes.

CONSEIL

> *Articulez les projets autour de personnes motivées. Donnez-leur le cadre et le support nécessaires. Croyez en leur capacité à effectuer le travail.*

En réfléchissant aux façons d'optimiser le flux de valeur, les équipes constatent les avantages suivants :

◆ les personnes sont plus susceptibles de collaborer ;

◆ les équipes terminent plus rapidement le travail créateur de valeur ;

◆ les équipes perdent beaucoup moins de temps, car elles ne sont pas multitâches et n'ont pas à rappeler le contexte.

4.3.1 ÉQUIPES AGILES

Les équipes agiles se concentrent sur le développement rapide de produits en vue d'obtenir un retour d'information. En pratique, les équipes agiles les plus efficaces comptent généralement entre trois et neuf membres. Les équipes agiles sont installées idéalement dans un espace dédié et commun. Les membres sont entièrement affectés à leurs équipes. L'agilité encourage les équipes autogérées, où les membres décident qui effectuera le travail selon le périmètre défini pour la prochaine période. Les équipes agiles s'épanouissent grâce au servant leadership. Les leaders d'équipe soutiennent l'approche de leurs équipes envers leur travail.

Les équipes agiles pluridisciplinaires produisent fréquemment des incréments de produits fonctionnels. En effet, le travail leur appartient collectivement et elles possèdent toutes les compétences nécessaires pour livrer un travail fini.

Quelle que soit l'approche Agile, plus l'équipe délimite l'en-cours, plus ses membres auront de capacité à collaborer pour accélérer le travail sur la globalité du produit. Les membres des équipes agiles compétentes agissent de différentes manières (appariement, swarming ou essaimage et coalition) afin de travailler en collaboration et de ne pas tomber dans le piège des mini-cascades. Les mini-waterfall se produisent lorsque l'équipe traite *toutes* les exigences d'une période donnée, puis tente d'effectuer *toute* la conception pour enfin procéder à la construction de *tout* le bâtiment. Avec ce scénario, l'équipe se rend compte lors de la construction ou des essais après construction que ses hypothèses ne sont plus valables. Elle a perdu du temps à traiter *toutes* les exigences. En revanche, si les membres de l'équipe collaborent pour produire un nombre limité de fonctionnalités couvrant la globalité du produit, ils apprennent donc à mesure qu'ils avancent et livrent des fonctionnalités minimales, mais finies.

Les projets agiles profitent des structures d'équipe qui améliorent la collaboration au sein et entre les équipes. Le tableau 4-1 montre comment les membres d'équipes collaboratives accroissent la productivité et facilitent la résolution innovante de problèmes.

Tableau 4-1. Attributs d'une équipe agile performante.

Attribut	Objectif
Personnel dédié	• Concentration et productivité accrues • Petite équipe, moins de dix personnes
Membres d'une équipe pluridisciplinaire	• Développement et livraison fréquents • Création de valeur finie en tant qu'équipe indépendante • Intégration de toutes les activités en vue de livrer un travail fini • Retour d'information de l'équipe et des autres, tels que le product owner
Colocalisation ou capacité à gérer les difficultés liées à l'emplacement	• Meilleure communication • Meilleure dynamique d'équipe • Partage des connaissances • Coût d'apprentissage réduit • Capacité à s'engager à travailler ensemble
Équipe composée de généralistes et de spécialistes	• Les spécialistes apportent une expertise spécifique et les généralistes une flexibilité quant à l'attribution des rôles • L'équipe s'appuie sur les compétences spécialisées de ses membres, qui développent des compétences généralistes plus larges basées sur l'expérience acquise.
Environnement de travail stable	• Interdépendance des membres de l'équipe en vue de la livraison • Approche consensuelle du travail • Calculs simplifiés des coûts de l'équipe (rendement annualisé) • Préservation et développement du capital intellectuel

4.3.2 RÔLES AGILES

Il existe trois rôles courants en Agile :

◆ les membres d'une équipe pluridisciplinaire ;

◆ le product owner ;

◆ le facilitateur d'équipe.

Le tableau 4-2 décrit ces rôles d'équipe.

Tableau 4-2. Rôles d'une équipe Agile.

Rôle	Description
Membre d'une équipe pluridisci-plinaire	Les équipes pluridisciplinaires sont composées de membres dotés de toutes les compétences nécessaires pour réaliser un produit opérationnel. Dans le développement de logiciels, les équipes pluridisciplinaires comptent généralement des concepteurs, des développeurs, des testeurs ainsi que d'autres rôles. Les équipes de développement pluridisciplinaires se composent de professionnels qui livrent un produit pouvant faire l'objet de releases à une cadence régulière. Les équipes pluridisciplinaires sont indispensables, car elles peuvent livrer un travail fini en un minimum de temps avec une qualité supérieure, mais sans dépendances externes.
Product owner	Le product owner est responsable de la définition et de la communication de l'orientation du produit. Il hiérarchise le travail en fonction de sa valeur. Le product owner travaille quotidiennement avec ses équipes en fournissant un retour d'information sur le produit et en établissant une orientation sur la prochaine fonctionnalité à développer ou à livrer. Cela signifie que le travail est souvent suffisamment petit pour être décrit sur une fiche. Le product owner collabore avec les parties prenantes, les clients et les équipes afin d'établir l'orientation du produit. En général, il possède une expertise métier et apporte une expertise approfondie aux décisions. Il a parfois recours à l'aide de personnes possédant une expertise confirmée dans un domaine, telles que les architectes, ou une connaissance approfondie du client, telles que les responsables produit. Le product owner doit être formé à l'organisation et à la gestion des flux de travail au sein de l'équipe. Dans un environnement Agile, il crée le backlog pour et avec l'équipe. Le backlog permet aux équipes de voir comment créer la valeur la plus élevée sans gaspillage. La forte appropriation du produit constitue un facteur de succès critique pour les équipes agiles. Faute de porter attention à la valeur la plus élevée pour le client, l'équipe agile pourrait créer des fonctionnalités qui ne seraient pas appréciées, ou pas assez utiles, gaspillant ainsi ses efforts.
Facilitateur d'équipe	Le troisième rôle des équipes Agiles est généralement celui du facilitateur d'équipe, un leader-serviteur. Ce rôle peut s'appeler chef de projet, Scrum Master, chef d'équipe projet, coach d'équipe ou facilitateur d'équipe. Toutes les équipes agiles ont besoin de servant leadership. Les personnes ont besoin de temps pour établir leurs compétences de servant leadership en matière de facilitation, d'accompagnement et de suppression des obstacles. Au départ, de nombreuses organisations invitent des coaches Agile externes pour les aider lorsque leur capacité d'accompagnement interne n'est pas encore entièrement développée. Les coaches externes ont l'avantage de posséder l'expérience, mais l'inconvénient d'avoir de faibles relations dans l'organisation cliente. Les coaches internes, quant à eux, ont de solides relations dans l'organisation, mais manquent peut-être un peu d'expérience pour être très efficaces.

4.3.3 SPÉCIALISTES-GÉNÉRALISTES

Les équipes agiles sont pluridisciplinaires, mais les personnes ne démarrent souvent pas de cette manière. Néanmoins, de nombreuses équipes agiles compétentes sont constituées de spécialistes-généralistes, ou « esprits en T ».

Cela signifie que les membres de l'équipe ont aussi bien une spécialité qu'une vaste expérience dans divers domaines, plutôt qu'une spécialisation unique. Les membres d'une équipe agile développent ces aptitudes grâce à une intense collaboration et une auto-organisation pour essaimer et effectuer le travail rapidement, ce qui nécessite une entraide régulière.

Le rendement d'une seule personne n'est pas pertinent. Le fait de s'y concentrer peut même être dangereux s'il crée un goulet d'étranglement pour le reste de l'équipe. Le but pour l'*équipe* est d'optimiser la livraison d'un travail fini afin d'obtenir un retour d'information.

Si le client souhaite obtenir d'excellents résultats, comme une livraison rapide de fonctionnalités de qualité irréprochable, l'équipe ne peut pas être constituée uniquement de spécialistes dont le but serait de maximiser l'efficacité des ressources. L'objectif de l'équipe est l'efficacité du flux, en optimisant le rendement de l'ensemble de l'équipe. Les lots de taille réduite favorisent le travail en équipe. La mission du product owner est de s'assurer que l'équipe se consacre au travail qui crée la plus grande valeur.

4.3.4 STRUCTURES D'ÉQUIPE

Les équipes ont adopté les principes et des pratiques agiles dans de nombreux secteurs. Elles regroupent des personnes en équipes pluridisciplinaires afin de développer des produits fonctionnels de manière itérative.

●●●●●

CAS

L'équipe principale réunie pour rédiger ce guide était composée de profils variés, dont certains représentaient PMI et d'autres Agile Alliance. Elle était auto-organisée et travaillait par incréments afin d'achever le travail. PMI a réuni un groupe d'experts chargé d'inspecter le travail. L'équipe a ainsi pu intégrer le retour d'information et améliorer le produit lors de son développement. Cependant, l'équipe n'était pas représentative d'une équipe agile type, car ses membres ne consacraient pas l'intégralité de leur temps à cette initiative.

●●●●●

Certaines organisations ont été capables de créer des équipes pluridisciplinaires, regroupées en un même lieu. D'autres, au contraire, ont réparti ou dispersé les équipes. Dans le premier cas, il s'agit d'équipes pluridisciplinaires placées en divers lieux. Dans le second cas, chacun des membres peut travailler dans un endroit complètement différent, soit dans un bureau soit à domicile. Si ces organisations d'équipes ne sont pas idéales en raison des coûts accrus de communication, elles restent applicables.

Une grande institution financière établie aux États-Unis a lancé un programme pour lequel les membres des équipes étaient répartis sur la côte est des États-Unis ainsi que dans plusieurs villes en Inde. Au début, l'organisation a décidé de former une seule grande équipe dispersée (UX, analystes, développeurs et testeurs) chargée du développement « en suivant le soleil »[2], à savoir sur plusieurs fuseaux horaires, afin que certaines heures de travail se chevauchent et que les membres de l'équipe puissent se relayer. Ces derniers ont organisé des daily standups et utilisé des webcams afin d'intégrer toute l'équipe. L'idée étant que les principaux rôles (analystes, product owners, UX designers et responsables de développement) aux États-Unis arriveraient plus tôt afin de répondre aux questions des membres d'équipe basés en Inde et de les aider à lever leurs obstacles.

Le produit et son financement devenant de plus en plus conséquents, il a été décidé de diviser l'équipe en cinq petits groupes. Pour cela, des équipes ont été réparties et colocalisées en différents lieux. La décision a été prise de former des équipes pluridisciplinaires, colocalisées, composées de développeurs et de testeurs.

Des analystes basés dans deux villes des États-Unis travaillaient avec le responsable produit et les product owners aux États-Unis et ensuite avec chacune des équipes. Bien qu'une structure fût en place où les revues de produit étaient menées comme un programme complet, la plupart des autres activités étaient réalisées au niveau de l'équipe, sur la base de ce qui avait le mieux fonctionné pour chaque équipe afin de leur permettre de s'auto-organiser.

4.3.5 DES MEMBRES D'ÉQUIPE DÉDIÉS

Que se passe-t-il si les membres de l'équipe ne consacrent pas la totalité de leur temps à l'équipe ? Bien que cette condition ne soit pas idéale, elle ne peut malheureusement pas toujours être évitée.

Le principal inconvénient lorsqu'une personne ne s'engage qu'à hauteur de 25 % à 50 % de sa capacité dans l'équipe est qu'elle s'attellera à plusieurs activités à la fois et basculera de l'une à l'autre. Le multitâche réduit le rendement du travail de l'équipe et réduit la capacité de l'équipe à prévoir les livraisons de manière cohérente.

CONSEIL

> *Le multitâche ralentit l'avancement de toute l'équipe, car les membres perdent du temps à changer de contexte ou à attendre que tout le monde ait fini son travail. Lorsque les membres sont entièrement dédiés à l'équipe, elle a le rendement le plus élevé possible.*

---

[2] Un processus de développement est dit « follow-the-sun », ou littéralement « en suivant le soleil » lorsque le travail est confié à la fin de la journée d'un site à un autre, situé à plusieurs fuseaux horaires de distance, afin d'accélérer le développement du produit.

Des pertes de productivité situées entre 20 et 40 % sont constatées lors du basculement entre activités. Cette perte s'accroît de manière exponentielle avec l'accroissement du nombre d'activités.

Lorsqu'une personne effectue plusieurs activités à la fois entre deux projets, elle n'est pas à 50 % sur chacun des projets. Au contraire, en raison du coût du basculement entre activités, elle est entre 20 et 40 % sur chaque projet.

Les personnes ont plus de risques de faire des erreurs lorsqu'elles entreprennent plusieurs activités à la fois. Le basculement entre activités nécessite de la mémoire et les personnes peuvent avoir du mal à se rappeler leur contexte lorsqu'elles effectuent plusieurs activités à la fois.

Si tous les membres de l'équipe sont affectés à un projet, ils peuvent continuer à collaborer et augmenter l'efficacité du travail de tous.

● ● ● ● ●

CAS

Étant donné que les membres de l'équipe de rédaction principale de ce guide ne peuvent pas dédier 100 % de leur capacité aux efforts de l'équipe, leur rendement est considérablement inférieur à ce qu'il aurait pu être s'ils s'étaient réunis et avaient concentré toute leur attention au projet. Bien qu'il soit viable économiquement de collaborer, même dispersés et n'utilisant qu'une fraction de leurs capacités, il n'est néanmoins pas possible de colocaliser et de se focaliser à 100 % sur le travail à faire. Par conséquent, l'équipe a identifié leur dispersion comme un risque. L'équipe suit l'avancement de son travail grâce à l'utilisation d'outils collaboratifs et adapte les affectations en fonction des capacités individuelles.

● ● ● ● ●

Pour en savoir plus sur les équipes dans les environnements Agile, notamment les processus du domaine de connaissance de la gestion des ressources du projet, consultez le tableau A1-2 sur la correspondance entre groupes de processus de management de projet et domaines de connaissance.

CONSEIL

Toutes les équipes ne comptent pas tous les rôles qui leur sont nécessaires. Par exemple, certaines équipes ont besoin de soutien de la part des administrateurs de bases de données ou des analystes de recherche. Lorsque des spécialistes sont temporairement affectés à l'équipe, il est important de s'assurer que tous ont les mêmes attentes. Ce spécialiste est-il affecté 100 % à l'équipe, et pour combien de temps ? Définissez les attentes avec le spécialiste et l'équipe afin de clarifier le niveau d'implication pour pouvoir être en mesure de livrer. Les affectations à temps partiel créent des risques pour le projet.

4.3.6 ESPACES DE TRAVAIL EN ÉQUIPE

Les équipes ont besoin d'un espace pour travailler ensemble, comprendre leur état en tant qu'équipe et collaborer. Certaines équipes agiles travaillent ensemble dans une même pièce. D'autres ont un espace de travail pour leurs réunions et leurs tableaux mais travaillent dans leur propre bureau.

Bien que les entreprises s'orientent vers des espaces de travail collaboratifs et ouverts, les organisations ont également besoin de créer des espaces calmes pour les personnes qui doivent penser et travailler sans être interrompues. Ainsi, les entreprises conçoivent leurs bureaux de manière à équilibrer les parties communes et sociales avec des zones calmes ou des espaces privés où les personnes peuvent travailler sans être interrompues.

Lorsque les membres d'une équipe sont géographiquement dispersés, l'équipe décide quel espace de travail sera virtuel et lequel sera physique. Les technologies, comme le partage des documents, la vidéoconférence et les autres outils de collaboration virtuelle, aident l'équipe à travailler à distance.

Les équipes dispersées géographiquement ont besoin d'espaces de travail virtuels. En outre, il convient de rassembler régulièrement l'équipe afin qu'elle apprenne à travailler ensemble et que puisse s'instaurer la confiance.

Pour gérer la communication d'équipes dispersées, certaines techniques, comme la *fenêtre d'aquarium* et l'*appariement à distance*, sont à prendre en compte.

◆ Créez une fenêtre d'aquarium en nouant des contacts durables par vidéoconférence entre les différents lieux où l'équipe est dispersée. Les personnes se connectent de façon continue du début à la fin de la journée. Ainsi, elles peuvent se voir et entrer en contact spontanément, ce qui réduit le décalage de collaboration qui existe lors d'une séparation géographique.

◆ Établissez un appariement à distance à l'aide d'outils de conférence virtuelle pour partager les écrans, y compris des contacts vocaux et vidéo. Tant que le décalage horaire est pris en compte, cette technique est presque aussi efficace qu'un appariement face à face.

CONSEIL

> *Formez des équipes avec des personnes aux compétences et aux fonctions variées. Sensibilisez les managers et les leaders à l'état d'esprit Agile et impliquez-les le plus tôt possible dans la transformation Agile*

4.3.7 DÉPASSER LES SILOS ORGANISATIONNELS

Lors de la constitution d'équipes agiles, il convient tout d'abord d'instaurer une base de confiance et un environnement de travail sûr afin que tous les membres d'équipe soient traités sur un pied d'égalité, puissent être entendus et pris en considération. Ceci, et la création de l'état d'esprit Agile, constituent le facteur de réussite déterminant. Tous les autres défis et risques peuvent être atténués.

Les organisations en silo empêchent souvent la formation d'équipes pluridisciplinaires agiles. Les membres nécessaires à la constitution d'une équipe pluridisciplinaire relèvent généralement de différents responsables qui mesurent leurs performances selon plusieurs métriques. Les responsables doivent se concentrer sur l'efficacité du flux (métriques orientées équipe) plutôt que sur l'efficacité des ressources.

Pour dépasser les silos organisationnels, mettez-vous en relation avec plusieurs managers de ces membres d'équipe et invitez-les à affecter les équipiers nécessaires à l'équipe pluridisciplinaire. Ainsi, vous créez non seulement une synergie d'équipe mais vous permettez aussi à l'organisation de voir comment ces personnes optimiseront le projet et le produit en cours de développement.

Pour en savoir plus sur les équipes, consultez l'annexe X2 intitulée Attributs qui influencent l'adaptation.

CONSEIL

> *En tant que leader de projet Agile, concentrez-vous avant tout comment vous pouvez constituer une équipe pluridisciplinaire et dont chaque membre est entièrement dédié à sa seule équipe. Même si cela signifie que les principaux membres de l'équipe, tels que développeurs et testeurs, doivent travailler ensemble et communiquer au quotidien, il s'agit d'un grand pas dans la bonne direction vers l'agilité.*

5

MISE EN ŒUVRE D'AGILE : LIVRER DANS UN ENVIRONNEMENT AGILE

5.1 ÉLABORER LA CHARTE DU PROJET ET DE L'ÉQUIPE

Tout projet doit avoir une charte afin que l'équipe puisse comprendre pourquoi ce projet est important et quels sont ses objectifs, et connaître la direction à prendre. Néanmoins, la charte de projet seule peut ne pas suffire à l'équipe. En effet, les équipes agiles ont besoin d'avoir des règles de fonctionnement d'équipe, et de définir comment travailler ensemble. Dans ce cas, une charte d'équipe pourrait être nécessaire.

Grâce au processus d'élaboration de la charte, l'équipe apprend à travailler ensemble et à converger vers les objectifs du projet.

Dans le cadre d'un projet Agile, l'équipe doit avoir au moins la vision ou l'objectif du projet et un ensemble clairement énoncé d'accords de travail. La charte d'un projet Agile répond aux questions suivantes :

◆ Pourquoi faisons-nous ce projet ? C'est la vision du projet.

◆ Qui en bénéficie, et comment ? Ceci peut faire partie de la vision du projet et/ou de l'objectif du projet.

◆ Que signifie le terme « accompli » pour le projet ? Ce sont les critères de livraison du résultat du projet.

◆ Comment allons-nous travailler ensemble ? Ceci explique le flux de travail tel que prévu.

Un leader-serviteur peut faciliter le processus d'élaboration de la charte. La charte de projet est un excellent moyen de commencer à travailler une fois l'équipe réunie. Les membres de l'équipe peuvent vouloir collaborer afin de comprendre comment travailler ensemble.

S'ils le savent déjà, aucun processus formel d'élaboration de la charte n'est alors nécessaire. Certaines équipes tirent profit du processus d'élaboration de la charte. Voici quelques idées que les membres d'équipe peuvent utiliser comme base pour leur contrat social :

◆ les valeurs d'équipe, comme un rythme soutenable et des heures fixes ;

◆ les accords de travail, comme la signification de « prêt » qui permet à l'équipe d'accepter le travail, la signification d'« accompli » qui permet à l'équipe d'évaluer la complétude de manière cohérente, le respect du bloc de temps ou l'utilisation des limites du travail en cours ;

◆ les règles de base, telle qu'une personne prenant la parole lors d'une réunion ;

◆ les règles du groupe, telles que la gestion des durées de réunion.

Le leader-serviteur et l'équipe peuvent décider d'aborder d'autres comportements.

N'oubliez pas que le contrat social, à savoir la charte d'équipe, reflète les interactions des membres de l'équipe. Son but est de créer un environnement Agile où les membres d'équipe peuvent travailler au mieux de leurs capacités en tant qu'équipe.

5.2 PRATIQUES AGILES USUELLES

Les sections 5.2.1 à 5.2.8 décrivent quelques-unes des pratiques de projets agiles les plus usuelles.

5.2.1 RÉTROSPECTIVES

La pratique la plus importante est la rétrospective, car elle permet à l'équipe d'aborder, d'améliorer et d'adapter son processus.

Grâce aux rétrospectives, l'équipe tire des leçons de son précédent travail sur le produit et son processus. Selon l'un des principes du Manifeste Agile, « À intervalles réguliers, l'équipe réfléchit aux moyens de devenir plus efficace, puis règle et modifie son comportement en conséquence. »

Bon nombre d'équipes utilisent les itérations, en particulier les itérations de 2 semaines, car elles aboutissent à une démonstration et à une rétrospective. Toutefois, l'équipe n'a pas besoin d'itération pour décider d'une rétrospective. Les membres d'équipe peuvent décider de faire une rétrospective à certains moments clés :

◆ Lorsque l'équipe termine une release ou effectue une livraison. Il ne s'agit pas nécessairement d'un immense incrément, mais de n'importe quelle release.

◆ Lorsque plusieurs semaines se sont écoulées depuis la précédente rétrospective.

◆ Lorsque l'équipe semble être bloquée et que le travail ne s'accomplit plus à travers elle.

◆ Lorsque l'équipe atteint un quelconque jalon.

Les équipes profitent du temps dont elles disposent pour apprendre, grâce à une rétrospective intermédiaire ou à une rétrospective de fin de projet. Elles doivent connaître leur produit et processus. Par exemple, certaines équipes ont du mal à terminer le travail. En prévoyant suffisamment de temps, elles peuvent structurer leur rétrospective afin de réunir des données, de traiter ces données et de décider que tester plus tard.

L'objectif de la rétrospective n'est en aucun cas d'accuser, mais de tirer des leçons du travail précédent et d'apporter de petites améliorations.

Il s'agit d'observer les données qualitatives (sentiments des personnes) et quantitatives (mesures) puis d'utiliser ces données pour trouver les causes originelles, concevoir des contre-mesures et élaborer des plans d'action. L'équipe projet peut ainsi décider de nombreuses actions pour lever les obstacles.

Pensez à limiter le nombre d'actions en fonction de la capacité de l'équipe à traiter l'amélioration dans la prochaine itération ou période de travail. Il vaut mieux prévoir de terminer moins d'éléments et d'y parvenir que d'essayer d'améliorer trop de points à la fois et de n'en finir aucun. Ensuite, si le temps le permet, l'équipe peut travailler sur la prochaine opportunité d'amélioration de la liste. Lorsque l'équipe choisit les améliorations, convenez de la façon d'en mesurer les résultats. Puis, à la prochaine période de temps, mesurez les résultats afin de valider la réussite ou l'échec de chaque amélioration.

Le rôle du facilitateur consiste à diriger l'équipe à travers une activité pour évaluer l'importance de chaque élément d'amélioration. Une fois les éléments d'amélioration ordonnés, l'équipe en choisit un nombre approprié pour la prochaine itération (ou ajoute du travail au flux dans un environnement Agile basé sur les flux).

5.2.2 PRÉPARATION DU BACKLOG

Le backlog est la liste priorisée de l'ensemble du travail d'une équipe, présentée sous forme de story. Il est inutile de créer les stories de la totalité du projet avant le début du travail, mais juste assez pour comprendre la première release dans les grandes lignes puis suffisamment d'éléments pour la prochaine itération.

Les product owners (ou l'équipe de valeur de product owners qui inclut le responsable produit et tous les product owners concernés pour ce secteur du produit) pourraient élaborer une feuille de route du produit afin de présenter la séquence anticipée des livrables au fil du temps, et la replanifier en fonction de ce que l'équipe produit. (Pour des exemples de feuille de route, consultez l'annexe X3 intitulée Filtres de pertinence Agile.)

5.2.3 AFFINAGE DU BACKLOG

Dans un environnement Agile basé sur les itérations, le product owner s'associe souvent à l'équipe afin de préparer des stories pour la prochaine itération durant au moins une session, au cours de l'itération. Le but de ces réunions est d'affiner suffisamment de stories pour que l'équipe comprenne leur nature et leur taille par rapport aux autres.

Aucun consensus n'a été trouvé sur la durée de l'affinage. Il existe un continuum :

◆ Affinage juste à temps pour l'environnement Agile basé sur les flux. L'équipe prend la prochaine carte de la colonne « à faire » et en discute.

◆ Dans l'Agile basé sur les itérations, bon nombre d'équipes utilisent une discussion d'une heure dans un bloc de temps au cours d'une itération de 2 semaines. (L'équipe choisit une durée d'itération qui lui donne un retour d'information suffisamment fréquent.)

◆ Discussions d'affinage pour les équipes d'Agile basé sur l'itération. Les équipes peuvent les utiliser lorsqu'elles sont nouvelles par rapport au produit, au secteur du produit ou au domaine du problème.

CONSEIL

> *Pensez à utiliser la cartographie d'impact pour voir comment les produits s'articulent. Habituellement, le product owner gère ce travail. Un leader-serviteur peut faciliter les réunions nécessaires comme moyen de servir le projet.*

Les réunions d'affinage permettent, d'une part, au product owner de présenter des idées de story à l'équipe et, d'autre part, à l'équipe de connaître les difficultés ou les problèmes éventuels des stories. Si le product owner a des doutes sur les dépendances, il peut demander à l'équipe d'effectuer un spike de la fonctionnalité afin de comprendre les risques.

Le product owner dispose de nombreuses façons de préparer le backlog et d'organiser des réunions d'affinage, notamment :

◆ Encourager l'équipe à travailler par triades de développeur, testeur, business analyste/product owner afin de discuter et de rédiger la story.

◆ Présenter le concept général de la story à l'équipe. L'équipe la discute et l'affine en autant de stories que nécessaire.

◆ S'associer à l'équipe pour trouver différentes façons d'explorer et de rédiger les stories ensemble, en veillant à ce que toutes les stories soient suffisamment petites pour que l'équipe produise un flux constant de travail accompli. Envisager d'être en mesure de terminer une story au moins une fois par jour.

Les équipes ont souvent pour objectif de ne pas passer plus d'une heure par semaine à affiner les stories pour le prochain lot de travaux. Elles souhaitent optimiser le temps passé à travailler plutôt qu'à planifier le travail. Lorsque l'équipe passe plus d'une heure par semaine à affiner les stories, cela peut indiquer que le product owner prépare de façon excessive, ou que l'équipe manque de certaines compétences nécessaires à évaluer et affiner le travail.

5.2.4 DAILY STANDUPS

Les équipes organisent des Daily standups afin de s'engager les unes envers les autres, d'identifier les problèmes et d'assurer le bon déroulement du travail au sein de l'équipe.

Lors d'une Daily standup, qui peut être facilitée par n'importe quel membre et ne doit pas dépasser 15 minutes, l'équipe parcourt le tableau kanban ou le tableau des activités.

Dans un environnement Agile basé sur les itérations, chacun répond aux questions suivantes à tour de rôle :

◆ Qu'ai-je terminé depuis la dernière Daily standup ?

◆ Qu'est-ce que je prévois de terminer d'ici la prochaine Daily standup ?

◆ Quels sont mes obstacles (risques ou problèmes) ?

Ce type de questions amènent des réponses qui permettent à l'équipe de s'auto-organiser et d'assumer la responsabilité de l'accomplissement du travail sur lequel elle s'était engagée la veille et tout au long de l'itération.

L'environnement Agile basé sur les flux aborde les Daily standups de manière différente, en se concentrant sur le rendement de l'équipe. L'équipe évalue le contenu du tableau en partant de la droite vers la gauche. Les questions sont :

◆ Comment devons-nous procéder pour faire avancer ce travail ?

◆ Y a-t-il une personne qui travaille sur un élément qui ne figure pas sur le tableau ?

◆ Que faut-il terminer en tant qu'équipe ?

◆ Y a-t-il des goulets d'étranglement ou des points de blocage dans le flux de travail ?

L'un des travers généralement observés dans les Daily standups, c'est qu'ils deviennent des réunions d'avancement. Les équipes qui ont toujours travaillé dans un environnement prédictif peuvent se retrouver dans ce travers étant donné qu'un état d'avancement doit être fourni.

Un autre travers généralement observé dans les Daily standups est que l'équipe résout les problèmes à mesure qu'ils surviennent. Les Daily standups servent à identifier les problèmes et non pas à les résoudre. Mettez les problèmes en attente puis créez une autre réunion, qui pourrait être organisée juste après le Daily standup afin de les résoudre.

Les équipes organisent leurs propres Daily standups. Lorsqu'ils sont bien gérés, les Daily standups peuvent être très utiles, à condition que la nature du travail de l'équipe nécessite une intense collaboration. Décidez en toute connaissance de cause du moment où l'équipe a besoin, ou peut utiliser efficacement, les Daily standups.

CONSEIL ▶ *Encouragez les membres de l'équipe à faciliter le Daily standup à la place d'un chef de projet afin d'éviter qu'il ne devienne une réunion d'avancement, mais leur permette plutôt de s'auto-organiser et de s'engager les uns envers les autres.*

5.2.5 DÉMONSTRATIONS ET REVUES

À mesure que l'équipe termine les fonctionnalités généralement sous la forme d'user stories, elle effectue des démonstrations régulières du produit opérationnel. Le product owner assiste à la démonstration et accepte ou refuse les stories.

Dans un environnement Agile basé sur les itérations, l'équipe présente tous les éléments du travail achevés à la fin de l'itération. Dans un environnement Agile basé sur les flux, l'équipe présente le travail achevé au moment opportun, en général lorsque suffisamment de fonctionnalités se sont accumulées en un ensemble cohérent. Les équipes, y compris le product owner, ont besoin d'un retour d'information pour savoir à quel moment demander ce retour d'information sur le produit.

En règle générale, il convient de présenter ce que l'équipe a obtenu comme produit opérationnel au moins une fois toutes les 2 semaines. Cette fréquence est suffisante pour la plupart des équipes. Ainsi, les membres obtiennent le retour d'information nécessaire pour éviter d'emprunter la mauvaise direction et les équipes conservent un bon développement de produit pour fabriquer un produit complet aussi souvent qu'elle le souhaite ou qu'elle en a besoin.

La livraison fréquente d'un produit opérationnel constitue une part importante d'un projet Agile. Une équipe qui n'effectue pas de démonstration ou de release ne peut pas apprendre rapidement ni adopter des techniques Agile. Elle peut avoir besoin d'un accompagnement supplémentaire pour livrer fréquemment.

5.2.6 PLANIFICATION DANS UN ENVIRONNEMENT AGILE BASÉ SUR LES ITÉRATIONS

Chaque équipe a une capacité différente. Chaque product owner a une taille type de story différente. Les équipes tiennent compte de la taille de leur story afin de ne pas s'engager dans plusieurs stories si elles n'ont pas les capacités de les terminer en une seule itération.

En cas d'indisponibilité de certains membres (vacances, congés ou tout événement les empêchant de participer au prochain travail), le product owner comprend que l'équipe a des capacités limitées. L'équipe ne sera pas en mesure de finir le même volume de travail que celui accompli lors de la période précédente. Lorsque ses capacités sont limitées, elle ne planifie que le travail qui correspond à cette capacité.

Elle estime ce qu'elle peut accomplir, ce qui représente une mesure de capacité. (Pour obtenir des exemples, consultez la section 4.10.) Les équipes ne peuvent pas prévoir avec certitude ce qu'elles peuvent livrer, car elles ne peuvent pas anticiper l'inattendu. Lorsque les product owners font des stories plus petites et que les équipes constatent les progrès sous forme de produit fini, elles réévaluent ce qu'elles sont capables de faire à l'avenir.

Les équipes agiles ne planifient pas tout d'un coup. Au contraire, elles planifient une petite partie, livrent, apprennent puis planifient de nouveau un peu plus loin dans un cycle continu.

CONSEIL

Attirez l'attention de l'équipe sur les travers et aidez l'équipe à découvrir comment améliorer ses Daily standups.

5.2.7 PRATIQUES D'EXÉCUTION QUI AIDENT LES ÉQUIPES À CRÉER DE LA VALEUR

Si l'équipe ne fait pas attention à la qualité, il sera vite impossible de livrer une release rapidement.

Les techniques suivantes, dont une grande partie sont issues de l'eXtreme Programming, peuvent aider l'équipe à livrer le plus rapidement possible.

- **Intégration continue.** Procédez à une intégration fréquente du travail dans l'ensemble, quel que soit le produit, puis testez de nouveau afin de déterminer si le produit fonctionne toujours comme prévu dans son intégralité.

- **Tests à tous les niveaux.** Utilisez les tests système pour obtenir des informations du début à la fin et les tests unitaires pour les éléments de base. Entre les deux, vérifiez si une intégration de tests est nécessaire et où. Les équipes considèrent le smoke testing utile dans un premier temps pour savoir si le produit du travail est correct. Elles ont constaté que leurs performances étaient meilleures après avoir décidé quand effectuer des tests de régression et choisis lesquels les aidait à maintenir la qualité du produit. Les équipes agiles ont une nette préférence pour les tests automatisés qui leur permettent de créer une dynamique de livraison.

- **Développement orienté par les tests d'acceptation (Acceptance Test-Driven Development, ATDD).** Dans l'ATDD, l'équipe se réunit et discute des critères d'acceptation pour un produit. Ensuite, elle crée les tests qui lui permettront d'écrire suffisamment de code et de tests automatisés pour répondre à ces critères. Pour les projets non informatiques, il convient d'examiner comment tester le travail à mesure que l'équipe termine des portions de valeur.

- **Développement orienté par les tests (Test-Driven Development,TDD) et développement orienté par le comportement (Behavior-Driven Development, BDD).** L'écriture de tests automatisés avant la création du produit aide à concevoir le produit tout en évitant les erreurs. Pour les projets non informatiques, il convient d'examiner comment orienter les conceptions de l'équipe par les tests. Les projets matériels et mécaniques utilisent souvent des simulations pour les tests intermédiaires de leur conception.

- **Spikes (recherche ou essais dans un bloc de temps).** Les spikes permettent d'en savoir plus. Ils peuvent être utilisés dans le cadre d'une estimation, de la définition des critères d'acceptation et de la compréhension du flux d'une action de l'utilisateur par le produit. Ils sont utiles lorsque l'équipe a besoin d'explorer certains éléments techniques ou fonctionnels essentiels.

5.2.8 COMMENT LES ITÉRATIONS ET LES INCRÉMENTS AIDENT À LIVRER UN PRODUIT OPÉRATIONNEL

Les itérations aident l'équipe à créer une cadence de livraison et divers types de retour d'information. L'équipe produit des incréments de valeur pour la livraison et le retour d'information. La première partie de cette livraison est la démonstration. L'équipe reçoit un retour d'information sur l'aspect et le fonctionnement du produit grâce à cette démonstration. Les membres de l'équipe effectuent une rétrospective pour voir comment inspecter et adapter leurs processus.

Les démonstrations ou les revues sont partie intégrante du flux de projet Agile. Planifiez la démonstration en fonction de la cadence de livraison de l'équipe.

5.3 RÉSOLUTION DES PROBLÈMES DES PROJETS AGILE

Les approches agiles ont été élaborées afin de résoudre les problèmes associés aux taux élevés de changement, d'incertitude et de complexité des projets. Du fait de ces origines, elles comportent divers outils et techniques pour traiter les points problématiques dans les approches prédictives. Voir le tableau 5-1.

CONSEIL *Les équipes doivent effectuer des démonstrations fréquentes afin d'obtenir un retour d'information et de présenter l'état d'avancement. Encouragez le bureau des projets (Project Management Office, PMO) et les autres parties intéressées à assister aux démonstrations afin que les décideurs du portefeuille de projets puissent voir les progrès réels.*

Tableau 5-1. Épines et possibilités de résolution

Épines	Possibilités de résolu
But ou mission de l'équipe non clairement défini	Axez la charte Agile sur l'objet, à savoir la vision, la mission et les tests associés.
Accords de travail de l'équipe non clairement définis	Axez la charte Agile sur la conformité, à savoir les valeurs, les principes et les accords de travail.
Contexte d'équipe non clairement défini	Axez la charte Agile sur le contexte, à savoir les limites, les actifs engagés et l'analyse prospective.
Exigences non clairement définies	Aidez les sponsors et les parties prenantes à développer la vision du produit. Envisagez d'élaborer une feuille de route du produit à l'aide de la spécification par l'exemple, de la cartographie des user stories et de la cartographie d'impact. Organisez une réunion avec l'équipe et le product owner afin de clarifier les attentes et la valeur d'une exigence. Décomposez progressivement la feuille de route en backlog d'exigences pratiques plus petites.
Mauvaise interface utilisateur	Les pratiques de conception d'interface utilisateur de l'équipe de développement doivent impliquer les utilisateurs de manière précoce et fréquente.
Estimation imprécise	Réduisez la taille des stories en les décomposant. Utilisez une estimation relative avec l'ensemble de l'équipe. Pensez aux modèles et aux spikes agiles pour comprendre la story.
Affectations ou avancement du travail non clairement définis	Aidez l'équipe à se rendre compte qu'elle autogère son travail. Organisez un Daily standup pour parcourir le tableau et voir où se situe le travail.
Équipe confrontée à des obstacles	Un leader-serviteur peut aider à franchir ces obstacles. Si l'équipe ne connaît pas ses options, envisagez le recours à un coach. Parfois, l'équipe doit remonter les obstacles que l'équipe ou le leader-serviteur n'a pas réussi à supprimer.
Retards/dépassements dus à des éléments de backlog du produit pas assez raffinés	Le product owner et l'équipe élaborent des stories ensemble par le biais d'ateliers. Créez une définition de « prêt » pour les stories. Pensez à décomposer les stories en plusieurs autres, plus petites.
Défauts	Considérez les pratiques techniques adaptées à l'environnement. Parmi les possibilités figurent le travail en binôme, la responsabilité collective du produit, les tests généralisés (approche orientée par les tests et approche des tests automatisés) et une bonne définition d'« accompli ».
Travail inachevé	L'équipe établit la définition de « prêt » pour les stories, y compris les critères d'acceptation. Ajoutez également les critères de livraison des résultats des projets.
Dette technique (qualité dégradée de code)	Remaniement, modèles agiles, tests généralisés, analyse automatisée de la qualité du code, définition d'« accompli ».

Tableau 5-1. Épines et possibilités de résolution *(suite)*

Épines	Possibilités de résolu
Produit trop complexe	Que le produit soit lié ou non aux logiciels, encouragez l'équipe à toujours penser au plus simple et à appliquer le principe Agile « La simplicité - c'est-à-dire l'art de minimiser la quantité de travail inutile est essentielle ». Ainsi, vous limitez la complexité.
Amélioration lente, voire inexistante, dans le processus de travail d'équipe	Saisissez trois éléments maximum à améliorer à chaque rétrospective. Demandez au leader-serviteur d'aider l'équipe à apprendre comment les intégrer.
Trop de travail préparatoire entraînant des reprises	Au lieu du travail préparatoire conséquent, examinez les spikes d'équipe pour comprendre. De plus, mesurez le travail en cours (work in progress, WIP) au début du projet et voyez quelles sont les options de l'équipe pour créer de la valeur au lieu des conceptions. Écourtez les itérations et créez une bonne définition de « prêt ».
Faux départs, gaspillage des efforts	Demandez au product owner de faire partie intégrante de l'équipe.
Éléments du backlog de produit classés de manière inefficace	Classez-les selon la valeur, y compris le coût du délai divisé par la durée (CD3) et d'autres modèles de valeur.
Afflux/attente inégal(e) du flux de travail	Planifiez selon la capacité de l'équipe et pas davantage. Demandez aux personnes d'arrêter le multitâche et de se dédier à une seule équipe. Demandez à l'équipe de travailler en binômes, de faire de l'essaimage ou de se coaliser afin d'équilibrer les capacités sur l'ensemble de l'équipe.
Demandes des parties prenantes impossibles à satisfaire	Adoptez le servant leadership afin de travailler avec ces parties prenantes (et éventuellement le product owner).
Retards inattendus ou imprévus	Demandez à l'équipe de faire des vérifications plus fréquentes et utilisez les tableaux Kanban pour voir les limites de l'avancement du flux de travail et du travail en cours pour comprendre l'influence des demandes sur l'équipe ou le produit. Suivez également les obstacles présents et les obstacles supprimés sur un tableau dédié.
Équipes en silo au lieu d'équipes pluridisciplinaires	Demandez aux personnes qui font partie du projet de s'auto-organiser en équipes pluridisciplinaires. Utilisez les compétences du servant leadership pour les aider à comprendre pourquoi l'agilité a besoin d'équipes pluridisciplinaires.

5.4 MESURES DANS LES PROJETS AGILE

La transition vers l'agilité implique l'application de mesures différentes. Les approches agiles pointent vers les nouvelles métriques qui comptent pour l'équipe et la direction. Ces métriques sont importantes, car elles sont centrées sur la valeur client.

L'une des difficultés avec le rapport d'avancement réside dans la capacité de l'équipe à prévoir la terminaison du projet ou à utiliser le feu tricolore pour décrire l'état du projet. Par exemple, les leaders de projet décrivent le projet comme « terminé à 90 % ». À ce stade, l'équipe tente d'intégrer les éléments à un produit. Elle découvre qu'il manque des exigences, qu'il y a des imprévus ou que le produit ne s'intègre pas comme elle le pensait.

Le projet n'est que partiellement achevé et l'état du feu tricolore ne reflète pas l'état réel. L'équipe projet réalise trop souvent qu'elle a besoin d'autant de temps pour terminer le reste du projet. Trop souvent, l'équipe se rend compte qu'elle n'a réalisé que 10 % du projet, au mieux, à cause des difficultés qui sont survenues.

Les mesures prédictives reflètent trop rarement la réalité. Il arrive souvent que le voyant d'état du projet reste vert jusqu'à 1 mois avant la date de la livraison. C'est ce que l'on appelle parfois un projet pastèque, vert à l'extérieur et rouge à l'intérieur (avec beaucoup de pépins). Le voyant d'état du projet passe au rouge sans avertissement apparent, car les données empiriques sur le projet ne sont obtenues qu'un mois avant la date de la livraison.

Les métriques des projets agiles contiennent des informations importantes qui fournissent des données historiques. En effet, les projets agiles livrent régulièrement de la valeur (travail accompli). Les équipes projet peuvent utiliser ces données pour améliorer leurs prévisions et leur prise de décision.

Les mesures de substitution comme le pourcentage réalisé sont moins utiles que les mesures empiriques, comme les fonctionnalités acceptées. Lisez la section 4.10 pour en savoir plus sur la gestion de la valeur. Agile aide les équipes à détecter les problèmes afin qu'elles puissent les diagnostiquer et y remédier.

Outre les mesures quantitatives, l'équipe peut recueillir des mesures qualitatives. Certaines sont axées sur les pratiques choisies par l'équipe. L'équipe évalue comment elle les utilise, par exemple la satisfaction de l'organisation quant aux fonctionnalités livrées, ou encore le moral de l'équipe, ainsi que tout ce que l'équipe souhaite suivre en tant que mesure qualitative.

5.4.1 LES ÉQUIPES AGILES MESURENT LES RÉSULTATS

L'environnement Agile privilégie les mesures empiriques et basées sur la valeur au lieu des mesures prédictives. Est mesuré ce que l'équipe livre, et non pas ce que l'équipe prévoit de livrer.

Une équipe habituée à avoir des références de base, des estimations de la valeur acquise et de retour sur investissement peut être perplexe à l'idée de travailler sur un projet qui n'en possède pas. L'agilité consiste à travailler sur des produits dont la valeur peut être démontrée aux clients.

Les références de base représentent souvent une tentative de prévision. Dans un environnement Agile, l'équipe limite son estimation à quelques semaines maximum. Si le travail de l'équipe est peu variable et si ses membres n'exécutent pas plusieurs activités à la fois, sa capacité à produire se stabilise. Cette situation permet une meilleure prévision pour les quelques semaines suivantes.

Après avoir terminé le travail de l'itération ou du flux, l'équipe replanifie le projet. L'environnement Agile ne crée pas de capacité à réaliser plus de travail. Cependant, il est clair que plus le lot de travaux est petit, plus l'équipe est en mesure de le livrer.

Le développement de produits logiciels, comme tout autre travail intellectuel, consiste à apprendre - apprendre tout en livrant de la valeur. Les développements matériel et mécanique sont similaires au niveau des parties conception du projet. L'apprentissage s'effectue par les tests, la livraison de petits incréments de valeur et l'obtention d'un retour d'information sur ce qui a été accompli jusqu'à présent. De nombreux autres projets de développement de produit intègrent également l'apprentissage.

En règle générale, les sponsors veulent savoir quand le projet sera terminé. Lorsque l'équipe établit une vélocité fiable ou une durée moyenne du cycle constante (stories moyennes ou story points par itération), elle peut prévoir combien de temps il reste pour le projet.

Par exemple, si l'équipe réalise en moyenne 50 story points par itération et si elle estime qu'il reste 500 points, il faudra encore environ 10 itérations. À mesure que le product owner affine les stories restantes et que l'équipe précise ses estimations, l'estimation du projet peut varier à la hausse comme à la baisse, mais elle sera donnée par l'équipe.

Si l'équipe estime en moyenne un temps de cycle de trois jours par story avec 30 stories restantes, il lui restera 90 jours ouvrés, soit environ 4 à 5 mois.

Illustrez la variabilité de l'estimation à l'aide de graphiques type ouragan ou d'une autre mesure de la variabilité que les sponsors comprendront.

Étant donné que l'apprentissage constitue une grande partie du projet, l'équipe doit réduire l'incertitude et créer de la valeur pour les clients. Pour cela, elle planifie la prochaine petite partie du projet. Ensuite, elle communique les données empiriques et replanifie d'autres petits incréments pour gérer l'incertitude du projet.

Certains projets basés sur les itérations utilisent des burndown charts pour voir la direction du projet dans le temps. La figure 5-1 illustre un exemple de burndown chart où l'équipe a prévu de livrer 37 story points. Les story points évaluent le travail, le risque et la complexité relatifs d'une exigence ou d'une story. Bon nombre d'équipes agiles utilisent les story points pour estimer l'effort. La ligne en pointillés représente le plan. Dans la figure 5-1, l'équipe peut constater qu'avant le troisième jour, elle est en zone de risque pour cette livraison.

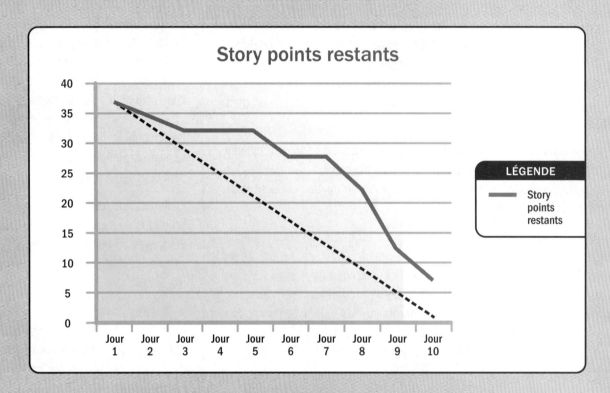

Figure 5-1. Burndown chart des story points restants.

Certaines équipes projet préfèrent les burnup charts. Les mêmes données utilisées à la figure 5-1 sont indiquées à la figure 5-2 dans un burnup chart.

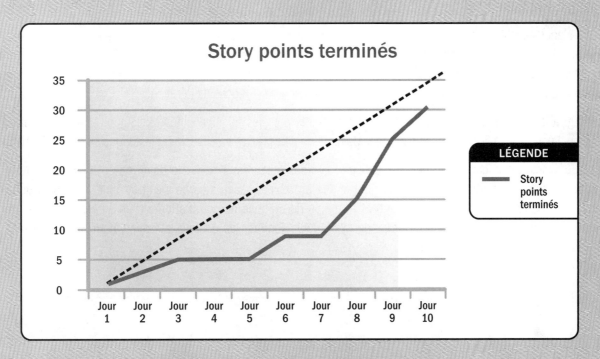

Figure 5-2. Burnup chart indiquant les story points terminés.

Les burnup charts montrent le travail accompli. Les deux graphiques des figures 5-1 et 5 2 se fondent sur les mêmes données, mais présentés de deux manières différentes. Les équipes ont leur préférence en ce qui concerne la représentation des données.

Lorsqu'elles voient ce qu'il reste à faire dans une itération, elles peuvent se sentir découragées et se presser pour terminer le travail sans répondre aux critères d'acceptation. Néanmoins, elles pourraient avoir de bonnes raisons de ne pas terminer le travail attendu. Les burndown charts montrent l'effet qu'ont le multitâche, les stories trop longues ou l'absence des membres de l'équipe.

Les burnup charts montrent, notamment aux équipes qui sont nouvelles dans l'environnement Agile, les changements de périmètre lors de l'itération. Ils permettent aux équipes de voir ce qu'elles ont accompli, ce qui les aide à passer à la prochaine activité.

Si les équipes utilisent des burndown ou burnup charts, elles voient ce qu'elles ont accompli à mesure que l'itération avance. À la fin de l'itération, elles pourraient fonder leur prochaine mesure de capacité (combien de stories ou de story points) sur ce qu'elles ont accompli dans cette itération. Ainsi, le product owner et l'équipe peuvent planifier de nouveau ce que l'équipe a le plus de chance de réussir dans la livraison de la prochaine itération.

Grâce à la vélocité, somme des tailles des story points pour les fonctionnalités réellement achevées dans cette itération, l'équipe planifie sa prochaine capacité de manière plus précise en observant l'historique de ses performances.

Les équipes agiles basées sur les flux utilisent diverses mesures, à savoir le délai (durée totale pour livrer un élément, mesurée à partir du moment où il est ajouté au tableau jusqu'à ce qu'il soit terminé), le temps de cycle (temps nécessaire pour traiter un élément) et le temps de réponse (temps d'attente d'un élément avant le début du travail). Les équipes mesurent le temps de cycle pour identifier les goulets d'étranglement et les retards, pas nécessairement au sein de l'équipe.

CONSEIL ▶ *Les équipes pourraient découvrir que quatre à huit itérations sont nécessaires pour atteindre une vélocité stable. Elles ont besoin du retour d'information de chaque itération pour savoir comment elles travaillent et comment s'améliorer.*

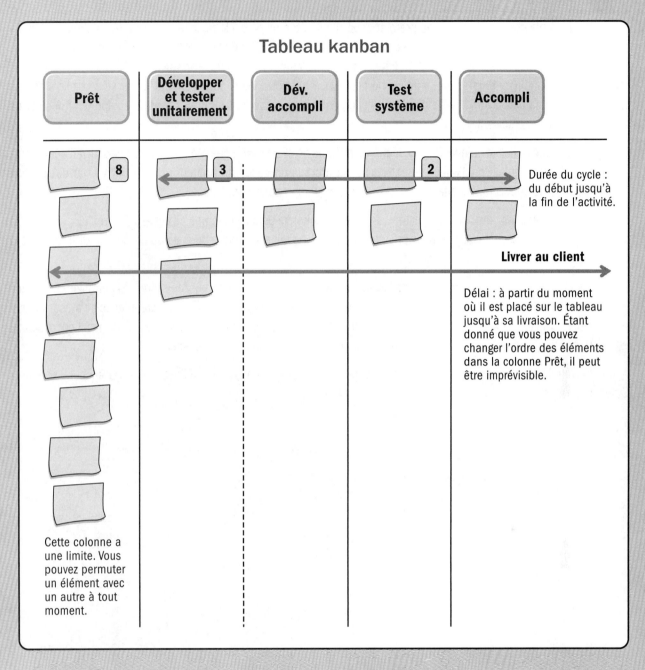

Figure 5-3. Exemple d'un tableau Kanban.

Le délai est utile pour comprendre au premier coup d'œil le temps de cycle pour réaliser une fonctionnalité donnée vis-à-vis du délai nécessaire pour la livrer au client. Les limites du travail en cours (WIP) situées en haut des colonnes, indiquées dans les encadrés, permettent à l'équipe de voir comment faire avancer le travail dans le tableau. Quand la limite d'une colonne est atteinte, aucun travail ne peut plus être ajouté dans cette colonne. Dans ce cas, elle s'atèle à la colonne pleine la plus à droite et se pose la question suivante : « Que faut-il faire en tant qu'équipe pour décaler ce travail vers la colonne suivante ? »

Chaque fonctionnalité est unique. Par conséquent, sa durée de cycle est unique. Un product owner pourrait néanmoins remarquer que les petites fonctionnalités ont de petites durées de cycle. Le product owner veut voir le débit, c'est pourquoi il crée de petites fonctionnalités ou travaux avec l'équipe pour y parvenir.

Les burnup charts, les burndown charts (mesures de capacité), le délai et le temps de cycle (mesures de prévisibilité) sont utiles pour les mesures au moment présent. Ils aident l'équipe à comprendre combien de travail il lui reste à accomplir et si elle peut finir dans les délais.

La mesure des story points est différente de la mesure des fonctionnalités ou des stories accomplies. Certaines équipes tentent de mesurer les story points sans avoir terminé la fonctionnalité ou la story. Lorsqu'elles ne mesurent que les story points, elles mesurent la capacité et non le travail fini, ce qui contrevient au principe « Un logiciel opérationnel est la principale mesure d'avancement » (ou un autre produit s'il ne s'agit pas de logiciel).

Chaque équipe possède sa propre capacité. Lorsque des story points sont utilisés, le nombre de story points réalisables en un temps donné est propre à chaque équipe.

En fournissant leurs propres unités de mesure, les équipes sont plus à même d'évaluer et de livrer leur travail. L'inconvénient de l'estimation relative est qu'il n'existe aucun moyen de comparer les équipes ni d'augmenter la vélocité des équipes.

L'équipe peut mesurer le travail accompli dans un burnup/burndown chart des fonctionnalités ainsi que dans un burnup chart du backlog de produit. Ces tableaux présentent les tendances d'achèvement dans les temps, comme l'illustre la figure 5-4.

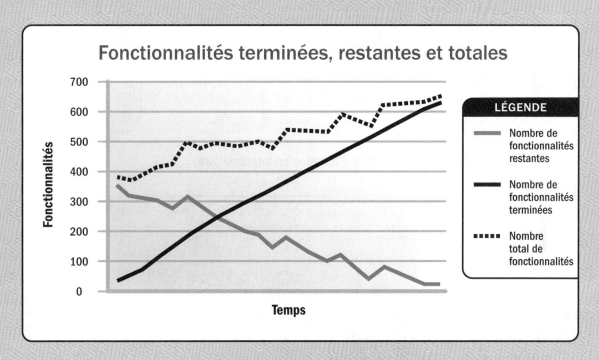

Figure 5-4. Tableau des fonctionnalités.

Les burnup/burndown charts des fonctionnalités peuvent indiquer une variabilité des exigences durant le projet. La ligne des fonctionnalités achevées indique que l'équipe termine les fonctionnalités de façon régulière. La ligne des fonctionnalités totales montre comment les fonctionnalités totales du projet ont changé au fil du temps. La ligne des fonctionnalités restantes démontre que le taux d'achèvement des fonctionnalités varie. Cette ligne change à chaque ajout de fonctionnalités au projet.

La valeur acquise en agilité se fonde sur les fonctionnalités finies, comme l'illustre la figure 5-5. Le burnup chart du backlog de produit compare le travail accompli au travail total attendu par intervalles entre jalons ou entre itérations.

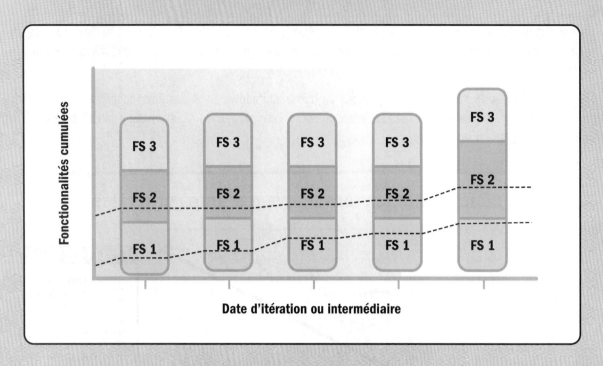

Figure 5-5. Burnup chart du backlog de produit.

Une équipe ne peut terminer qu'une story à la fois. Pour terminer une grande fonctionnalité contenant plusieurs stories, l'équipe devra achever les stories restantes et ne pourra pas terminer cette fonctionnalité avant plusieurs autres périodes de temps. Elle peut présenter sa valeur créée à l'aide d'un burnup chart du backlog de produit comme illustré à la figure 5-5.

Si l'équipe doit mesurer la valeur acquise, elle peut utiliser ce tableau de la figure 5-6 comme exemple. à noter que l'axe *Y* de gauche représente les story points comme périmètre et l'axe *Y* de droite le projet.

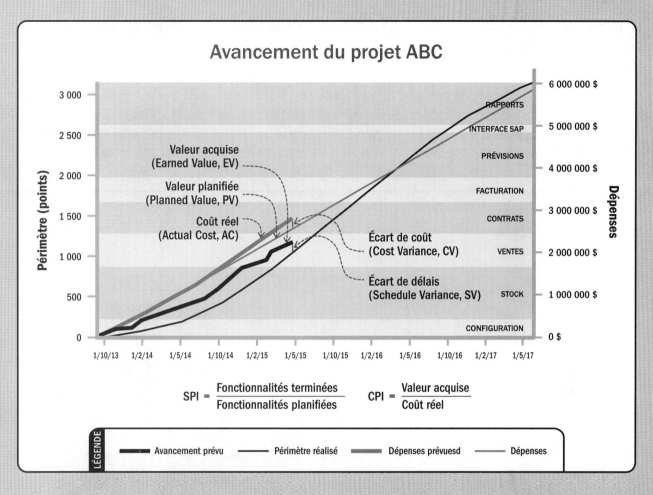

Figure 5-6. Valeur acquise dans un contexte Agile.

Les mesures de la gestion de la valeur acquise comme l'indice de performance des délais (Schedule Performance Index, SPI) et l'indice de performance des coûts (Cost Performance Index, CPI) peuvent être facilement traduites en termes Agiles. Par exemple, si l'équipe a prévu de terminer 30 story points en une itération, mais n'en achève que 25, le SPI est de 25/30 soit 0,83. Autrement dit, l'équipe ne travaille qu'à 83 % du taux planifié. De même, le CPI est la valeur acquise (valeur des fonctionnalités achevées) jusqu'à présent, divisée par les coûts réels à ce jour, soit 2,2 millions de dollars / 2,8 millions de dollars = 0,79 comme l'illustre la figure 5-6. Ce qui équivaut à un résultat de seulement 79 centimes par dollar comparé au plan. Mais cela suppose que la prévision est toujours correcte.

Un diagramme de flux cumulé, illustré à la figure 5-7, représente le travail en cours dans un tableau. Si une équipe a de nombreuses stories en attente de test, la charge de tests de l'équipe augmentera. L'accumulation de travail est perceptible en un clin d'œil.

Les équipes rencontrent des difficultés avec l'accumulation du travail. Cela signifie qu'elle a du travail en cours au lieu d'avoir du travail accompli. Lorsque le travail en cours est conséquent, la livraison de la fonctionnalité est retardée. Plus l'équipe met du temps à livrer, plus elle soumise à une pression pour les autres fonctionnalités à terminer dans la même période de temps.

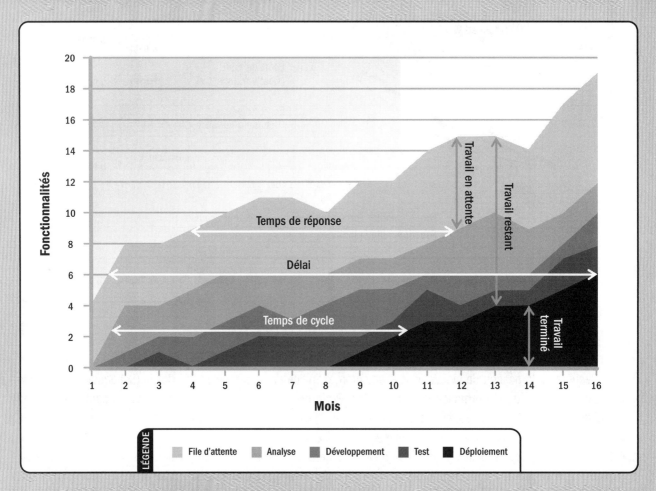

Figure 5-7. Diagramme de flux cumulé des fonctionnalités terminées

Adaptez ce flux cumulé au tableau des tâches du projet.

6

ASPECTS ORGANISATIONNELS DE L'AGILITÉ DANS LES PROJETS

Tout projet s'inscrit dans un contexte organisationnel où les cultures, les structures et les politiques peuvent en influencer l'orientation et le résultat. Ces dynamiques peuvent mettre à l'épreuve les leaders de projet.

Si les leaders de projet n'ont pas la capacité de modifier les dynamiques organisationnelles à leur guise, ils sont censés s'y diriger avec expertise.

Cette section explore l'influence que l'organisation et le contexte du projet, dans certains cas, ont sur les projets. Les leaders peuvent examiner les possibilités de changement afin d'augmenter les chances de réussite du projet.

> L'agilité des projets est plus efficace et durable si l'organisation s'adapte pour la soutenir.

6.1 GESTION DES CHANGEMENTS ORGANISATIONNELS

La gestion des changements organisationnels englobe les compétences et les techniques destinées à influencer les changements qui supportent l'agilité.

La publication du PMI, *Managing Change in Organizations: A Practice Guide* [2], décrit une approche holistique et complète pour introduire efficacement un réel changement. Les recommandations qui y sont faites comprennent notamment :

◆ des modèles pour décrire les dynamiques du changement ;

◆ un cadre de travail pour réaliser des changements ;

◆ une application des pratiques de gestion des changements aux niveaux du projet, du programme et du portefeuille.

Les sections 6.1.1 et 6.1.2 abordent les aspects de la gestion des changements spécifiques à un contexte Agile.

La figure 6-1 illustre la relation entre ces deux sujets.

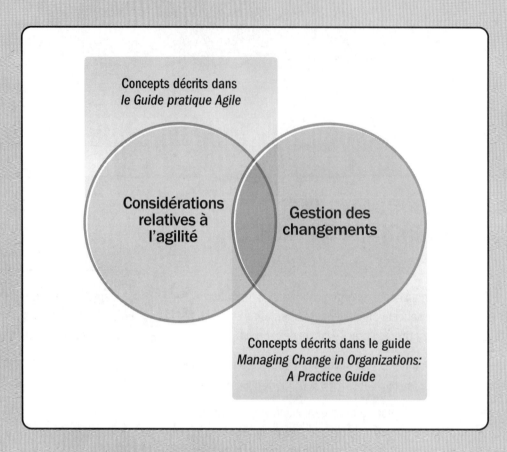

Figure 6-1. Relation entre la gestion du changement et les approches Agile.

6.1.1 FACTEURS DE LA GESTION DES CHANGEMENTS

Tous les projets sont liés au changement. Néanmoins, il existe deux facteurs clefs qui motivent l'utilisation des pratiques de gestion du changement dans un contexte Agile.

◆ **Changements liés à une livraison accélérée.** Les approches Agile soulignent la livraison au plus tôt et fréquente des résultats du projet. Cependant, l'organisation bénéficiaire n'est peut-être pas totalement préparée à intégrer ces résultats à un rythme accru. L'accélération de la livraison permet de tester la capacité d'adaptation de l'organisation. La découverte et la livraison des fonctionnalités d'un projet ne suffisent pas. Si l'organisation résiste aux résultats du projet, le retour sur investissement visé est reporté. L'acceptation du client et l'alignement avec les résultats du projet sont encore plus répandus dans un environnement Agile.

◆ **Changements liés aux approches Agile.** Les organisations qui commencent tout juste à utiliser les approches Agile connaissent également de grands changements. Une collaboration plus soutenue peut nécessiter des transferts plus fréquents entre les équipes, les services ou les fournisseurs. La décomposition du travail en prototypes itératifs implique une reprise qui pourrait être perçue négativement. Les leaders devraient tenir compte des techniques de gestion du changement afin de surmonter les obstacles de la transition vers l'utilisation d'approches Agile.

6.1.2 PRÉDISPOSITION AU CHANGEMENT

Les organisations qui commencent à utiliser les approches Agile doivent réaliser que la compatibilité de ces méthodes avec leurs approches actuelles est relative. Certaines organisations présentent des caractéristiques facilitant les principes Agile de collaboration transverse, d'apprentissage continu et d'évolution des processus internes. Parmi les exemples de caractéristiques propices au changement figurent :

◆ la volonté de la Direction de l'organisation à changer ;

◆ la volonté de l'organisation de changer sa façon de percevoir, et d'évaluer ses collaborateurs ;

◆ la centralisation ou la décentralisation des fonctions de management de projet, de programme et de portefeuille ;

◆ la priorité aux mesures et à la budgétisation à court terme par rapport aux objectifs à long terme ;

◆ la maturité et les capacités de gestion des talents.

En revanche, il existe d'autres caractéristiques institutionnelles qui peuvent être des obstacles à l'introduction des changements associés à l'agilité de l'organisation. En voici quelques exemples :

◆ Au lieu de former des équipes pluridisciplinaires avec l'aide des centres de compétences, la décomposition du travail en silos fonctionnels crée des dépendances qui empêchent les livraisons au plus tôt.

◆ Les stratégies d'approvisionnement se fondent sur des principes de tarification à court terme plutôt que sur des compétences à long terme.

◆ Les leaders sont récompensés pour leur efficacité locale plutôt que pour le flux de bout en bout de la livraison du projet ou l'optimisation de l'ensemble (par rapport à l'organisation).

◆ Les employés sont des collaborateurs spécialisés disposant d'outils ou d'incitations limités pour diversifier leurs compétences au lieu de former des spécialistes au profil en T.

◆ Les portefeuilles décentralisés attirent les employés vers trop de projets à la fois au lieu de les concentrer sur un seul projet.

La volonté de l'organisation d'examiner et de modifier ces pratiques déterminera la rapidité et l'efficacité d'adoption des approches Agile. Cependant, en réponse à ces obstacles organisationnels à l'agilité, les leaders de projet peuvent tenter différentes approches afin d'accélérer une compatibilité culturelle pour :

◆ un appui visible et actif de la Direction ;

◆ les pratiques de gestion du changement, y compris la communication et le coaching ;

◆ le rythme progressif de l'adoption des pratiques Agile pour chacun des projets ;

◆ l'introduction incrémentale des pratiques Agile au sein de l'équipe ;

◆ lorsque cela est possible le leadership par l'exemple à l'aide de pratiques et de techniques Agile.

6.2 CULTURE ORGANISATIONNELLE

La culture d'une organisation représente son ADN, son identité propre. Elle influencera toujours l'utilisation des approches Agile. La culture organisationnelle est présente de façon continue, allant de la planification prédictive au Lean Startup où tout est une expérimentation. Si les approches Agile correspondent bien à la culture Lean Startup, une organisation à forte culture prédictive peut encourager à mesurer empiriquement, les petites expérimentations et l'apprentissage afin d'évoluer vers l'agilité.

6.2.1 CRÉATION D'UN ENVIRONNEMENT SÉCURISANT

Bien qu'il soit difficile de changer la culture organisationnelle, la norme culturelle consistant à créer un environnement de travail sûr est la plus importante dans une organisation disposée à essayer une nouvelle méthode ou technique.

Seul un environnement sûr, honnête et transparent permet aux leaders et aux membres d'équipe de réfléchir réellement à leurs réussites afin de faire avancer leurs projets ou d'appliquer les retours d'expérience des projets ayant échoué afin de ne pas reproduire les mêmes erreurs.

6.2.2 ÉVALUATION DE LA CULTURE

Tout projet est confronté à des aspirations contradictoires. Comment l'équipe peut-elle agir rapidement sans compromettre la qualité ? Comment l'équipe peut-elle préserver sa flexibilité tout en respectant le délai ? Plus important encore, comment l'équipe peut-elle satisfaire et répondre aux exigences du client ?

Les leaders de projet peuvent penser que leur rôle consiste à répondre aux attentes des parties prenantes. Or, lorsqu'ils doivent faire un choix, la priorité dépend souvent de la culture et des exigences de l'environnement professionnel de l'organisation. Par exemple, un projet de télécommunication mobile est beaucoup plus orienté vers la rapidité, alors qu'un programme gouvernemental est davantage axé sur la généralisation et la stabilité.

> « Culture eats strategy for breakfast », Peter Drucker.
>
> Cette citation souligne l'importance de l'engagement et de la passion pour une cause. Peu importe la stratégie ou le plan que vous mettez en place avec votre équipe, sa réussite dépend des personnes qui mettent en œuvre ce plan. Si les personnes qui participent à la stratégie ne sont pas intéressées par le changement, ou pire, si elles sont apathiques dans leur fonction et leur organisation, le changement a peu de chances d'aboutir.

Pour évoluer dans ces dynamiques, les leaders de projet doivent prendre le temps d'évaluer les aspects qui sont les plus importants pour l'organisation. La figure 6-2 montre à quoi peut ressembler une évaluation. Dans cet exemple, un leader de projet lance une discussion sur les priorités organisationnelles avec les parties prenantes, les membres d'équipe et la direction générale. Ces priorités sont ensuite reportées en tant que positions sur une échelle mobile entre deux extrémités. Les résultats permettent alors de déterminer les techniques Agile les mieux adaptées à ces priorités.

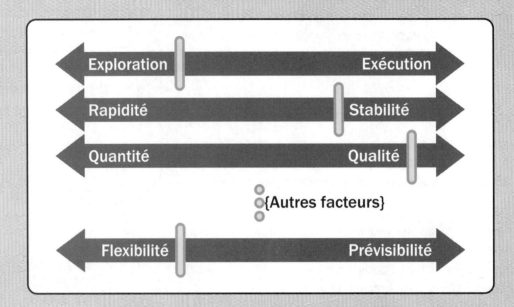

Figure 6-2. Exemple d'évaluation de la culture organisationnelle.

Il existe plusieurs modèles pour évaluer ces dynamiques. Cependant, le modèle ou la méthode utilisé(e) importe peu. Il est primordial est que les leaders de projet déploient des efforts pour comprendre les forces façonnant leur contexte. En comprenant leurs propres exigences et celles de leur domaine métier, l'organisation est en mesure de choisir les bons sujets de discussion, les bons compromis et, en particulier, les bonnes techniques.

6.3 APPROVISIONNEMENT ET CONTRATS

Comme mentionné précédemment dans ce guide pratique, le Manifeste Agile valorise « la collaboration avec les clients plus que la négociation contractuelle ». Bon nombre de projets échouent suite à une rupture des relations entre le client et le fournisseur. Les projets s'avèrent plus risqués lorsque ceux contenus dans le contrat se placent dans l'optique gagnants contre perdants. L'approche collaborative poursuit une relation de partage des risques et des bénéfices, où tout le monde est gagnant. Certaines techniques contractuelles officialisent cette dynamique, notamment les suivantes :

◆ **Structure à plusieurs niveaux.** Au lieu d'officialiser l'intégralité d'une relation contractuelle dans un seul document, les contractants du projet peuvent être plus flexibles en décrivant les différents aspects dans plusieurs documents. Les éléments le plus souvent fixes (par exemple, les garanties ou l'arbitrage) peuvent se retrouver dans un accord-cadre. Parallèlement, toutes les parties citent d'autres éléments soumis au changement (par exemple, les taux des services et les descriptions de produits) dans un échéancier de services. Le contrat peut y faire référence dans l'accord-cadre de services. Enfin, des éléments plus dynamiques, comme le périmètre, l'échéancier et le budget, peuvent être officialisés dans un énoncé des travaux simplifié. Le fait d'isoler les éléments les plus variables d'un contrat dans un document simplifie les modifications et crée ainsi de la flexibilité.

◆ **Accent sur la valeur créée.** Les relations fournisseurs sont pour la plupart régies par des jalons ou des « portes de phase » (Phase Gate) fixes axés sur des artefacts immédiats plutôt que sur un livrable complet de valeur business incrémentale. Souvent, ces contrôles limitent l'utilisation du retour d'information pour améliorer le produit. En revanche, les jalons et les conditions de paiement peuvent être structurés en fonction des livrables pilotés par la valeur afin d'accroître l'agilité du projet.

◆ **Incréments à prix fixe.** Au lieu d'inscrire l'ensemble du périmètre et du budget d'un projet dans un seul accord, un projet peut décomposer le périmètre en microlivrables à prix fixe, telles que les user stories. Pour le client, la dépense est davantage maitrisée. Pour le fournisseur, le risque financier d'engagement excédentaire est limité à une seule fonctionnalité ou à un seul livrable.

◆ **Délais et moyens à ne pas dépasser.** Les clients s'exposent à un risque non souhaité avec une approche traditionnelle de délai et de moyen. Une alternative consiste à limiter le budget global à un montant défini. Cette opération permet au client d'intégrer au projet de nouvelles idées et des innovations non prévues au départ. Si les clients souhaitent intégrer de nouvelles idées, ils doivent piloter selon une capacité donnée, en substituant le nouveau travail à celui d'origine. Le travail doit être contrôlé de près lorsque les heures allouées atteignent leur limite. Aussi, les heures de contingence supplémentaires peuvent être planifiées dans le budget maximum si elles sont considérées comme utiles.

◆ **Délais et moyens progressifs.** Une alternative consiste à utiliser une approche de partage du risque financier. Dans un environnement Agile, le terme « accompli » inclut les critères de qualité. Par conséquent, le fournisseur peut se voir rétribué selon un taux horaire plus élevé si la livraison intervient avant l'échéance définie dans le contrat. À l'inverse, le fournisseur pâtirait d'une pénalité en cas de livraison en retard.

◆ **Option d'annulation anticipée.** Lorsqu'un fournisseur agile crée suffisamment de valeur avec seulement la moitié du périmètre, le client peut ne pas être tenu de payer l'autre moitié s'il n'en a plus l'utilité. En revanche, un contrat peut proposer au client d'acheter le reste du projet pour un montant correspondant aux frais d'annulation. Le client limite l'exposition du budget, et le fournisseur réalise des recettes positives pour des services qui ne sont plus nécessaires.

◆ **Option de périmètre dynamique.** Pour les contrats dont le budget est fixe, un fournisseur peut proposer au client de faire varier le périmètre à des points spécifiques du projet. Le client peut ajuster les fonctionnalités pour s'adapter à la capacité. Ensuite, il peut saisir les opportunités d'innovation tout en limitant le risque d'engagement excédentaire du fournisseur.

◆ **Augmentation de la taille de l'équipe.** L'approche contractuelle la plus collaborative consiste à intégrer les services du fournisseur directement dans l'organisation du client. Financer les équipes, au lieu de financer un périmètre spécifique, préserve la capacité décisionnaire stratégique du client sur le travail à réaliser.

◆ **Privilégier les fournisseurs de services complets.** Afin de diluer les risques, les clients peuvent poursuivre une stratégie reposant sur plusieurs fournisseurs. Cependant, la tentation sera d'établir un contrat dans lequel chaque fournisseur ne se chargera que d'une tâche, créant ainsi un réseau de dépendances avant que n'émerge un service ou un produit utilisable. Au contraire, il convient de mettre l'accent sur les engagements qui créent une valeur globale (tels que les ensembles complets de fonctionnalités indépendantes).

Il est possible de créer des contrats agiles. L'agilité repose sur une synergie entre collaboration et confiance. Le fournisseur peut contribuer en créant de la valeur au plus tôt et de manière fréquente mais aussi en donnant un retour d'information au moment opportun.

6.4 PRATIQUES COMMERCIALES

La volonté et la capacité de créer de nouvelles compétences au sein d'une organisation quand le besoin s'en fait ressentir sont une marque d'agilité organisationnelle. Il ne s'agit pas nécessairement de changements spectaculaires. En outre, ils peuvent être moins perturbateurs dans une organisation axée sur l'agilité et les résultats qui en découlent. La transparence et la collaboration ouverte sont essentielles.

Les équipes pluridisciplinaires créent de la valeur. Les équipes et les personnes peuvent donc rencontrer des problèmes avec diverses fonctions de support au sein de l'organisation.

Cette valeur étant créée régulièrement, les services financiers ont la possibilité de financer le produit différemment. Si l'équipe a conclu des contrats avec d'autres organisations, les services des achats devront peut-être modifier ces contrats afin d'aider les autres organisations à créer fréquemment de la valeur et à se synchroniser avec l'équipe.

Lorsque les équipes commencent à travailler dans un esprit de cohérence et de coopération, elles remettent en cause les politiques de management internes. Les ressources humaines peuvent constater, d'une part, que les primes individuelles ont moins d'intérêt et, d'autre part, que les managers peuvent avoir des difficultés avec les évaluations de performance des collaborateurs autonomes. Chacun de ces cas représente une opportunité d'évaluer dans quelle mesure les pratiques existantes soutiennent l'agilité.

À mesure que les organisations gagnent en agilité, d'autres divisions devront de toute évidence changer leurs façons d'interagir et de remplir leurs fonctions. Les changements qui ont bénéficié aux autres domaines de l'organisation doivent être intégrés afin que toute l'organisation puisse améliorer son efficacité.

6.5 DÉPENDANCES ET COORDINATION DE PLUSIEURS ÉQUIPES (AJUSTEMENT D'ÉCHELLE)

Bon nombre de projets induisent des dépendances, même lorsqu'ils ne sont pas gérés au sein d'un programme donné. C'est pourquoi il est nécessaire de comprendre le fonctionnement Agile dans un contexte de management de programme et de portefeuille existant.

6.5.1 CADRES DE TRAVAIL

Les recommandations des méthodes Agile les plus répandues, comme Scrum et eXtreme Programming, mettent l'accent sur les activités d'une seule petite équipe pluridisciplinaire regroupée habituellement en un même lieu. Si elles sont très utiles pour les efforts nécessitant une seule équipe, leurs recommandations sont insuffisantes pour les initiatives qui requièrent la collaboration de plusieurs équipes Agile dans un programme ou un portefeuille.

Plusieurs cadres de travail (par exemple, Scaled Agile Framework, Large-Scale Scrum et Disciplined Agile ou DA) et approches (par exemple, Scrum of Scrums) sont apparus pour répondre à ces circonstances. L'annexe A3 aborde ce point plus en détail.

6.5.2 CONSIDÉRATIONS

Il existe plusieurs façons d'ajuster l'échelle d'un travail. L'équipe devra peut-être ajuster le travail de plusieurs projets Agile à un seul programme Agile. L'organisation peut également concevoir une structure qui soutient les approches Agile dans l'ensemble du portefeuille.

Par exemple, il est utile de commencer petit et d'apprendre aussi rapidement que possible ce qui fonctionne bien dans le contexte organisationnel. Les équipes peuvent obtenir de bons résultats même si la transformation en une approche Agile n'est pas complètement aboutie.

Quelle que soit l'approche, une équipe Agile saine est un facteur critique de réussite. Si l'utilisation d'une approche Agile pour une seule équipe n'est pas concluante, n'essayez pas de l'utiliser à plus grande échelle. Au lieu de cela, surmontez les obstacles de l'organisation qui empêchent les équipes de travailler de manière agile.

L'objectif des projets Agile à grande échelle est de coordonner les efforts des différentes équipes afin de créer de la valeur pour les clients. Il existe plusieurs façons de faire. Les équipes peuvent utiliser un cadre de travail ou appliquer la pensée Agile pour adapter les pratiques existantes en matière de management de programme.

6.6 AGILE ET LE BUREAU DES PROJETS (PROJECT MANAGEMENT OFFICE OU PMO)

Le PMO a pour but de conduire l'organisation vers la création de valeur. Il peut le faire en aidant les projets à atteindre leurs objectifs. Parfois, le PMO anime ou organise des formations pour les équipes, et soutient les projets. Parfois, il conseille la Direction sur la valeur relative à un projet donné ou à un ensemble de projets.

Étant donné que l'agilité crée un changement culturel, l'organisation peut avoir besoin de changer, y compris le PMO. Par exemple, les managers décident quels projets financer et quand, et les équipes décident de quelles formations ou quels conseils elles ont besoin.

6.6.1 UN PMO AGILE EST PILOTÉ PAR LA VALEUR

Un projet doit créer la bonne valeur au bon moment pour le bon public. L'objectif du PMO est de favoriser et de concrétiser cet objectif. Une approche de PMO agile repose sur un état d'esprit de collaboration avec le client et se retrouve dans tous les programmes de PMO. Souvent, cela signifie que le PMO fonctionne comme une société de conseil, en adaptant ses efforts afin de répondre aux besoins particuliers d'un projet donné. Certains projets nécessitent des outils et des modèles, alors que d'autres peuvent bénéficier d'un accompagnement à un niveau exécutif. Le PMO doit s'efforcer de répondre aux demandes et d'être à l'écoute de ses clients afin de connaître leurs besoins et de s'y adapter. Cette approche d'intrapreneur met l'accent sur les activités du PMO perçues comme les plus utiles pour les projets qu'il soutient.

6.6.2 UN PMO AGILE EST SÉLECTIF

Afin de progresser plus rapidement sur une charte basée sur la valeur, un PMO peut être tenté d'imposer certaines solutions ou approches, par exemple, afin que tous procèdent de la même manière pour obtenir des gains rapides (« quick wins »). Une perspective plus intentionnelle comprend néanmoins le désir d'engagement des collaborateurs. Pour cela, il convient d'impliquer uniquement les personnes souhaitant participer aux services du PMO. Une participation plus soutenue aux pratiques du PMO facilite leur adoption. Si le PMO crée de la valeur pour ses clients, ces derniers seront plus susceptibles de faire appel à ses services et d'adopter ses pratiques.

6.6.3 UN PMO AGILE EST PLURIDISCIPLINAIRE

Afin de satisfaire aux besoins spécifiques d'un projet, le PMO doit bien posséder plusieurs compétences en dehors du management de projet, car chaque projet nécessite des capacités distinctes. Par exemple, un projet peut avoir besoin d'une structure organisationnelle afin de résoudre des problèmes d'effectifs, tandis qu'un autre peut nécessiter des techniques de gestion du changement organisationnel pour l'engagement des parties prenantes ou des modèles d'affaires uniques en vue d'atteindre les objectifs du client.

Certaines organisations transforment leurs PMO en centres d'excellence Agile qui fournissent des services, tels que les suivants :

◆ **Élaboration et mise en œuvre de standards.** Fournir des modèles pour les user stories, les cas types, les diagrammes de flux cumulé, etc. Proposer des outils Agile et éduquer les groupes de support sur les concepts de développement itératif.

◆ **Développement du personnel par la formation et le mentorat.** Coordonner les modules de formation Agile, les coaches et les mentors afin d'aider les personnes dans leur transition vers un état d'esprit agile et d'améliorer leurs compétences. Soutenir et encourager les personnes à participer à des événements Agile locaux.

◆ **Management de plusieurs projets.** Coordonner les équipes Agile en favorisant la communication entre les projets. Envisager de partager des éléments, comme l'avancement, les points à traiter, les conclusions des rétrospectives et les expérimentations en matière d'amélioration. Aider à gérer les principales livraisons des clients au niveau du programme et les thèmes d'investissement au niveau du portefeuille en utilisant le cadre de travail approprié.

◆ **Facilitation de l'apprentissage organisationnel.** Réunir les profils de vélocité du projet, puis saisir, stocker et indexer les conclusions des rétrospectives.

◆ **Gestion des parties prenantes.** Dispenser une formation au rôle de Product Owner, des conseils sur les tests d'acceptation et comment évaluer et donner un retour d'information sur les systèmes. Prôner l'importance des experts pour les projets.

◆ **Recrutement, sélection et évaluation des leaders d'équipe.** Élaborer des directives pour interviewer les professionnels Agile.

◆ **Exécution de tâches spécialisées pour les projets.** Former et fournir des facilitateurs de rétrospectives, créer des accords avec les gestionnaires de crise des projets Agile et proposer des mentors et des coaches.

6.7 STRUCTURE DE L'ORGANISATION

La structure d'une organisation influence considérablement sa capacité à se réorienter en fonction de nouvelles informations ou de l'évolution des besoins du marché. Voici une liste des principales caractéristiques :

◆ **Localisation.** Les organisations dont les projets sont répartis et dispersés géographiquement peuvent être confrontées à des difficultés qui freinent leur travail. Les leaders de projet et les managers régionaux peuvent avoir d'autres objectifs, voire même des objectifs contradictoires. De plus, les différences culturelles, la barrière de la langue et la faible visibilité peuvent diminuer la productivité. Heureusement, les approches Agile encouragent à davantage de collaboration et de confiance. Dans ces contextes, les leaders de projet doivent favoriser le dialogue au sein de l'équipe et au sein de la Direction afin d'adapter les techniques à l'environnement et de gérer les attentes relatives à l'effort nécessaire pour y parvenir.

◆ **Structures fonctionnelles.** La structure de certaines organisations peut être hautement liée aux projets, liée aux matrices ou hautement liée aux fonctions. Les projets dont la structure est hautement liée aux fonctions peuvent se heurter à une résistance générale à la collaboration dans son organisation.

◆ **Taille du livrable du projet.** La réduction de la taille du livrable d'un projet induira des transferts plus fréquents au sein des services et, par conséquent, des interactions plus fréquentes et un flux plus rapide de valeur dans l'organisation.

◆ **Affectation des effectifs aux projets.** Une autre approche consiste à demander à une seule personne de chaque département d'être affectée temporairement, mais pleinement à un projet revêtant la plus haute priorité.

◆ **Organisations axées sur l'approvisionnement.** Certaines organisations choisissent de mettre en œuvre des projets essentiellement avec l'aide de fournisseurs. Si les objectifs du projet sont clairs, les fournisseurs sont tenus de prendre leur viabilité financière en main. De plus, lorsque les fournisseurs remplissent leurs obligations et achèvent leur engagement, les connaissances associées au projet disparaissent avec eux. Par conséquent, les compétences internes nécessaires à une vitesse et à une flexibilité soutenues sont limitées. Les techniques Agile, comme les rétrospectives et le suivi des domaines d'amélioration possibles alors que le fournisseur est encore engagé, contribuent à limiter la perte des connaissances relatives au produit.

6.8 FAIRE ÉVOLUER L'ORGANISATION

Il est recommandé d'entreprendre le travail de façon incrémentale lorsque vous surmontez des difficultés ou mettez en œuvre une nouvelle approche hybride ou Agile. Une pratique courante consiste à considérer le processus de changement comme un projet Agile avec son propre backlog de changements qui pourraient être introduits et hiérarchisés par l'équipe en fonction de la valeur perçue ou d'autres considérations. Chaque changement peut être considéré comme une expérimentation testée sur une courte période de temps afin de déterminer une compatibilité en l'état ou bien la nécessité d'un autre affinage ou d'une autre considération.

Utilisez les tableaux kanban pour suivre les progrès. Ces tableaux montrent les nouvelles approches déjà utilisées dans la colonne « fait », celles actuellement testées dans la colonne « en cours » et enfin celles en attente d'être introduites dans la colonne « à faire ». Reportez-vous à la figure 6-3 pour voir un tableau initial avec un backlog priorisé. La figure 6-4 montre un exemple de ce qu'un tableau peut contenir comme indication de l'avancement du travail.

Backlog priorisé	En cours		Gestion ou atténuation des risques	Décision nécessaire suite à une action	En attente : Éléments bloqués	Fait
	Analyse des actions	Résolution des actions				
Changement 1						
Changement 2						
Changement 3						
Changement 4						
Changement 5						
Changement 6						
Changement 7						
Changement 8						
Changement 9						
Changement 10						

Figure 6-3. Backlog Initial des changements priorisés.

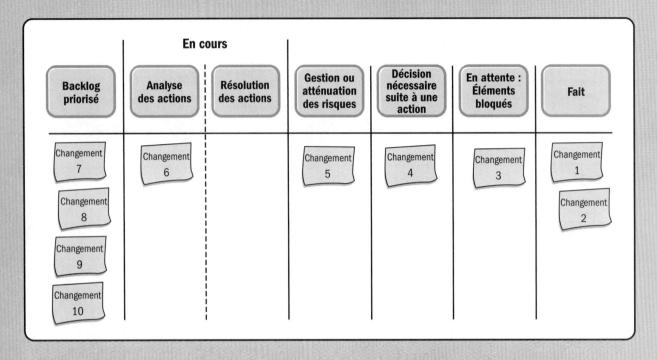

Figure 6-4. Utilisation des backlogs et des tableaux kanban pour organiser et suivre les changements.

L'utilisation de ces outils pour organiser et gérer l'exécution des changements permet de visualiser l'avancement et de façonner les approches mises en œuvre. Le déploiement des changements de façon transparente et attrayante augmente leurs chances de réussite.

7

APPEL À L'ACTION

L'adoption de la méthode Agile et de ses approches dans le management de projet s'est considérablement accrue depuis la première publication du Manifeste Agile en 2001. Cette adoption et la volonté d'agir selon un état d'esprit Agile ne sont plus limitées aux organisations d'une certaine taille ou spécialisées uniquement dans les technologies de l'information. L'état d'esprit Agile s'applique de manière générale et les approches sont efficaces dans de nombreux contextes.

Aujourd'hui, la demande pour « être Agile » est plus élevée que jamais. Le débat sur la meilleure voie à suivre vers l'agilité continue d'alimenter les conversations et les innovations. Un fait demeure néanmoins : l'inspection, l'adaptation et la transparence sont essentielles pour créer efficacement de la valeur.

Il est possible que ce guide pratique n'aborde pas tous les thèmes que vous attendiez. Notre équipe principale comprend que vous puissiez être en désaccord avec certains éléments ou certaines approches que nous avons choisi de présenter. Par conséquent, nous vous demandons de poursuivre les discussions et d'améliorer la prochaine version de ce guide pratique. Ce voyage vous appartient. Apprenez, expérimentez, obtenez un retour d'information et expérimentez de nouveau. Ensuite, aidez-nous à faire une rétrospective, faites-nous part de votre avis et contribuez aux futures éditions de ce guide pratique. Après tout, l'inspection sans adaptation n'est que peine perdue.

Enfin, nous souhaitons vous encourager à vous engager dans les communautés plus larges du management de projet et les communautés Agile afin de faire avancer les discussions sur ces sujets. N'hésitez pas à discuter avec des représentants de PMI et Agile Alliance® lors de conférences et de réunions. Utilisez les médias sociaux et publiez vos réflexions et opinions sur un blog.

Vous pouvez donner vos impressions et parler du contenu de ce guide pratique sur le blog intitulé « Agile in Practice » à l'adresse https://www.projectmanagement.com/blogs/347350/Agile-in-Practice.

ANNEXE A1
CORRESPONDANCE DANS LE *GUIDE PMBOK®*

Le tableau A1-1 illustre la correspondance entre les groupes de processus de management de projet et les domaines de connaissance du *Guide PMBOK®* – Sixième édition.

Cette annexe aborde la façon dont les approches Agile et hybrides traitent les attributs décrits dans les domaines de connaissance du *Guide PMBOK®* (voir le tableau A1-2). Elle précise ce qui change, ce qui ne change pas, et donne aussi des recommandations utiles pour accroître les chances de réussite.

Tableau A1-1. Correspondance entre les groupes de processus et les domaines de connaissance du management de projet.

Domaines de connaissance	Groupes de processus de management de projet				
	Groupe de processus d'initialisation	Groupe de processus de planification	Groupe de processus d'exécution	Groupe de processus de maîtrise	Groupe de processus de clôture
4. Gestion de l'intégration du projet	4.1 Élaborer la charte du projet	4.2 Élaborer le plan de management du projet	4.3 Diriger et gérer le travail du projet 4.4 Gérer les connaissances du projet	4.5 Maîtriser le projet 4.6 Maîtriser les changements	4.7 Clore le projet ou la phase
5. Gestion du périmètre du projet		5.1 Planifier la gestion du périmètre et du contenu 5.2 Recueillir les exigences 5.3 Définir le périmètre 5.4 Créer le WBS		5.5 Valider le périmètre 5.6 Maîtriser le périmètre et le contenu	
6. Gestion de l'échéancier du projet		6.1 Planifier la gestion de l'échéancier 6.2 Définir les activités 6.3 Organiser les activités en séquence 6.4 Estimer la durée des activités 6.5 Élaborer l'échéancier		6.6 Maîtriser l'échéancier	
7. Gestion des coûts du projet		7.1 Planifier la gestion des coûts 7.2 Estimer les coûts 7.3 Déterminer le budget		7.4 Maîtriser les coûts	
8. Gestion de la qualité du projet		8.1 Planifier la gestion de la qualité	8.2 Gérer la qualité	8.3 Maîtriser la qualité	
9. Gestion des ressources du projet		9.1 Planifier la gestion des ressources 9.2 Estimer les ressources nécessaires aux activités	9.3 Obtenir les ressources 9.4 Développer l'équipe 9.5 Gérer l'équipe	9.6 Maîtriser les ressources	
10. Gestion des communications du projet		10.1 Planifier la gestion des communications	10.2 Gérer les communications	10.3 Maîtriser les communications	
11. Gestion des risques du projet		11.1 Planifier la gestion des risques 11.2 Identifier les risques 11.3 Mettre en œuvre l'analyse qualitative des risques 11.4 Mettre en œuvre l'analyse quantitative des risques 11.5 Planifier les réponses aux risques	11.6 Appliquer les réponses aux risques	11.7 Maîtriser les risques	
12. Gestion des approvisionnements du projet		12.1 Planifier la gestion des approvisionnements	12.2 Procéder aux approvisionnements	12.3 Maîtriser les approvision-nements	
13. Gestion des parties prenantes du projet	13.1 Identifier les parties prenantes	13.2 Planifier l'engagement des parties prenantes	13.3 Gérer l'engagement des parties prenantes	13.4 Maîtriser l'engagement des parties prenantes	

Tableau A1-2. Utilisation d'Agile dans les domaines de connaissance du *Guide PMBOK®*

Domaine de connaissance du *Guide PMBOK®*	Utilisation dans un processus de travail Agile
Section 4 **Gestion de l'intégration du projet**	Les approches itératives et agiles encouragent l'engagement des membres de l'équipe en tant que spécialistes de la gestion de l'intégration au niveau local. Les membres de l'équipe déterminent comment les plans et les éléments doivent être intégrés. Les attentes du chef de projet, telles qu'indiquées dans les sections sur les *principaux concepts de la gestion de l'intégration du Guide PMBOK®*, restent les mêmes dans un environnement adaptatif, mais la maîtrise de la planification détaillée et de la livraison des produits est déléguée à l'équipe. Le chef de projet concentre ses efforts sur la création d'un environnement décisionnel collaboratif et s'assure que l'équipe est capable de réagir aux changements. Cette approche collaborative peut être renforcée lorsque les membres de l'équipe possèdent de vastes compétences et non pas une spécialisation particulière.
Section 5 **Gestion du périmètre du projet**	Pour les projets qui présentent des exigences changeantes, un risque élevé ou une grande incertitude, le périmètre est souvent mal compris au début ou évolue au cours du projet. Les méthodes agiles passent moins de temps à définir le périmètre au cours des premières phases du projet pour se concentrer davantage sur l'établissement de son processus de découverte et d'amélioration continues. Bon nombre d'environnements aux exigences nouvelles se caractérisent souvent par un écart entre les exigences business réelles et les exigences business initialement prévues. Par conséquent, les méthodes agiles réalisent à dessein des prototypes, les passent en revue, puis produisent des versions afin d'affiner les exigences. Le périmètre est donc défini puis redéfini au cours du projet. Dans le cas des approches agiles, les exigences constituent le backlog.

Domaine de connaissance du *Guide PMBOK®*	Utilisation dans un processus de travail Agile
Section 6 **Gestion de l'échéancier du projet**	Les approches adaptatives utilisent des cycles courts pour entreprendre le travail, passer en revue les résultats et s'adapter si nécessaire. Ces cycles offrent un retour d'information rapide sur les approches et la pertinence des livrables. Ils prennent généralement la forme d'une planification itérative et d'une planification à la demande, en fonction des besoins, comme abordé dans la section sur les tendances principales et les pratiques émergentes en gestion de l'échéancier du projet. du *Guide PMBOK®*. Dans les grandes organisations, il peut y avoir une combinaison de petits projets et de grandes initiatives nécessitant des feuilles de route à long terme pour gérer le développement des programmes utilisant des facteurs d'ajustement d'échelle (par exemple, la taille de l'équipe, la répartition géographique, la conformité réglementaire, la complexité organisationnelle et la complexité technique). Pour traiter l'intégralité du cycle de vie de livraison de systèmes plus grands à l'échelle de l'organisation, il peut s'avérer nécessaire d'adopter plusieurs techniques utilisant une approche prédictive, une approche adaptative ou une combinaison des deux. L'organisation devra sans doute associer les pratiques de plusieurs méthodes de base ou adopter une méthode éprouvée ainsi que quelques principes et pratiques plus traditionnels. Le rôle du chef de projet ne change pas selon qu'il gère des projets à l'aide d'un cycle de vie prédictif ou dans des environnements adaptatifs. Cependant, pour bien appliquer des approches adaptatives, le chef de projet devra se familiariser avec les outils et les techniques Agile afin de comprendre comment les utiliser de manière efficace.
Section 7 **Gestion des coûts du projet**	En raison des changements fréquents, les projets qui présentent un haut degré d'incertitude ou ceux dont le périmètre n'est pas encore complètement défini, peuvent ne pas bénéficier de calculs de coûts détaillés. Cependant, des méthodes simplifiées d'estimation peuvent être utilisées pour estimer rapidement à haut niveau les coûts de main-d'œuvre du projet, qui peuvent alors être facilement ajustés en cas de changement. Les estimations détaillées sont réservées à des horizons de planification à court terme en mode « juste à temps ». Lorsque des projets à forte variabilité sont également soumis à des contraintes budgétaires, le périmètre et l'échéancier sont plus souvent ajustés afin de respecter les contraintes de coût.

Domaine de connaissance du *Guide PMBOK®*	Utilisation dans un processus de travail Agile
Section 8 **Gestion de la qualité du projet**	Pour gérer les changements, les méthodes agiles nécessitent que les étapes de revue et de qualité soient intégrées fréquemment et tout au long du projet plutôt que concentrées à la fin du projet. Les revues rétrospectives récurrentes permettent de vérifier régulièrement l'efficacité des processus de qualité. Elles recherchent la cause originelle des points à traiter puis proposent d'essayer de nouvelles approches pour améliorer la qualité. Les revues rétrospectives suivantes évaluent les processus d'essai afin de déterminer si elles fonctionnent et doivent être maintenues, nécessiter des ajustements ou être abandonnées. En vue de faciliter la livraison incrémentale et fréquente, les méthodes agiles se concentrent sur les petits lots de travaux, en intégrant autant d'éléments livrables du projet que possible. Les systèmes de petit lot (small batch) ont pour but de révéler les incohérences et les problèmes de qualité tôt dans le cycle de vie du projet, lorsque les coûts du changement sont moindres.
Section 9 **Gestion des ressources du projet**	Les projets à forte variabilité sont confiés à des structures d'équipe ciblées et collaboratives, comme les équipes auto-organisées composées de spécialistes. La collaboration vise à accroître la productivité et à promouvoir une résolution des problèmes de façon innovante. Les équipes collaboratives peuvent faciliter l'intégration accélérée de certaines activités, améliorer la communication, favoriser le partage des connaissances et garantir des affectations flexibles des tâches en plus d'autres bénéfices. Si les avantages de la collaboration s'appliquent également aux autres environnements de projet, les équipes collaboratives sont souvent déterminantes pour la réussite des projets présentant une forte variabilité et des changements rapides, car il y a moins de temps pour la centralisation des tâches et la prise de décision. La planification des ressources humaines et matérielles est beaucoup moins prévisible pour les projets à forte variabilité. Dans ces environnements, les accords d'approvisionnement rapide et les méthodes lean sont essentiels pour pouvoir maîtriser les coûts et respecter l'échéancier.

Domaine de connaissance du *Guide PMBOK®*	Utilisation dans un processus de travail Agile
Section 10 **Gestion des communications du projet**	Les environnements de projet soumis à différents éléments d'ambiguïté et de changement ont besoin de communiquer plus fréquemment et plus rapidement. Il s'agit de simplifier et d'optimiser l'accessibilité à l'information par les membres de l'équipe projet par des revues fréquentes et de privilégier la colocalisation autant que possible. En outre, la communication avec la direction et les parties prenantes est favorisée par la publication, en toute transparence, des éléments du projet et par les revues régulières avec les parties prenantes.
Section 11 **Gestion des risques du projet**	Les environnements à haute variabilité présentent, par définition, une incertitude et un risque plus grands. Pour répondre à ce problème, les projets gérés à l'aide d'approches adaptatives s'appuient sur les revues fréquentes des produits incrémentaux du travail et les équipes projet transversales pour accélérer le partage des connaissances et garantir les bonnes compréhension et gestion du risque. Le risque est examiné lors de la sélection du contenu de chaque itération. Les risques seront également identifiés, analysés et gérés au cours de chaque itération. Par ailleurs, les exigences sont conservées dans un document évolutif qui est régulièrement mis à jour, et les priorités peuvent être réorganisées à mesure que le projet avance, sur la base d'une meilleure compréhension de l'exposition aux risques actuelle.

Domaine de connaissance du *Guide PMBOK®*	Utilisation dans un processus de travail Agile
Section 12 **Gestion des approvisionnements du projet**	Dans les environnements agiles, il est possible de faire appel à certains vendeurs pour étoffer l'équipe. Cette relation de travail fondée sur la collaboration peut déboucher sur un modèle d'approvisionnement à risques partagés où vendeur et acheteur se répartissent les risques et les gains associés à un projet. Les projets de plus grande envergure peuvent utiliser une approche adaptative pour certains livrables et une approche plus stable pour d'autres. Dans ce cas, il est possible d'avoir recours à un accord-cadre, tel qu'un accord-cadre de services, pour l'engagement global. Les adaptations aux livrables figurent dans une annexe ou un supplément. Ainsi, les changements peuvent être apportés au périmètre adaptatif sans affecter le contrat.
Section 13 **Gestion des parties prenantes du projet**	Les projets soumis à de grands changements nécessitent un engagement actif de la part des parties prenantes du projet. Afin de faciliter les discussions et les prises de décision productives et opportunes, des équipes agiles préfèrent entrer en contact direct avec les parties prenantes au lieu de passer par la hiérarchie. Le client, l'utilisateur et le concepteur échangent souvent des informations selon un processus créatif dynamique qui suscite une plus grande participation des parties prenantes et résulte en une plus grande satisfaction. Les interactions régulières avec les parties prenantes tout au long du projet permettent de limiter les risques, d'instaurer une confiance et d'encourager des adaptations introduites au plus tôt dans le cycle du projet. Ainsi, les coûts sont réduits, et les chances de réussite du projet sont accrues. En vue d'accélérer le partage des informations au sein de l'organisation, les méthodes agiles promeuvent la transparence. L'invitation des parties prenantes aux réunions et aux revues du projet ou à la diffusion des documents du projet dans des espaces publics a pour but de faire ressortir les éventuels décalages, dépendances ou autres points à traiter liés à l'évolution du projet.

ANNEXE A2
CORRESPONDANCE AVEC LE MANIFESTE AGILE

Cette annexe décrit comment les éléments du Manifeste Agile sont traités dans le *Guide pratique Agile*.

Tableau A2-1. Valeurs du Manifeste Agile traitées dans le *Guide pratique Agile*.

Valeur	Couverture du *Guide pratique Agile* par section et par titre
Les individus et leurs interactions plus que les processus et les outils	4.2 Le servant leadership responsabilise l'équipe 4.3 Composition de l'équipe 5.1 Élaborer la charte du projet et de l'équipe 5.2.4 Daily standups 6.2 Culture organisationnelle
Des logiciels opérationnels plus qu'une documentation exhaustive	5.2.2 Préparation du backlog 5.2.3 Affinage du backlog 5.2.5 Démonstrations et revues 5.2.7 Pratiques d'exécution qui aident les équipes à créer de la valeur
La collaboration avec les clients plus que la négociation contractuelle	4.3 Composition de l'équipe 5.4 Mesures dans les projets Agile 6.2 Culture organisationnelle 6.3 Approvisionnement et contrats 6.7 Structure de l'organisation
L'adaptation au changement plus que le suivi d'un plan	5.2.1 Rétrospectives 5.2.3 Affinage du backlog 5.2.5 Démonstrations et revues

Principe	Couverture du Guide pratique Agile
Notre plus haute priorité est de satisfaire le client en livrant rapidement et régulièrement des fonctionnalités à grande valeur ajoutée.	3.1 Caractéristiques des cycles de vie du projet 5.2.7 Pratiques d'exécution qui aident les équipes à créer de la valeur
Accueillez positivement les changements de besoins, même tard dans le projet. Les processus agiles exploitent le changement pour donner un avantage compétitif au client.	5.2.3 Affinage du backlog
Livrez fréquemment un logiciel opérationnel avec des cycles de quelques semaines à quelques mois et une préférence pour les plus courts.	5.2 Pratiques agiles usuelles
Les utilisateurs ou leurs représentants et les développeurs doivent travailler ensemble quotidiennement tout au long du projet.	4.2 Le servant leadership responsabilise l'équipe 5.2.2 Préparation du backlog 5.2.3 Affinage du backlog
Réalisez les projets avec des personnes motivées. Fournissez-leur l'environnement et le soutien dont ils ont besoin et faites-leur confiance pour atteindre les objectifs fixés.	4.3 Composition de l'équipe 5.1 Élaborer la charte du projet et de l'équipe 5.2.1 Rétrospectives
La méthode la plus simple et la plus efficace pour transmettre de l'information à l'équipe de développement et à l'intérieur de celle-ci est le dialogue en face à face.	4.3.4 Structures d'équipe 5.2.4 Daily standups
Un logiciel opérationnel est la principale mesure d'avancement.	5.2.7 Pratiques d'exécution qui aident les équipes à créer de la valeur 5.2.8 Comment les itérations et les incréments aident à livrer un produit opérationnel
Les processus agiles encouragent un rythme de développement soutenable. Ensemble, les commanditaires, les développeurs et les utilisateurs devraient être capables de maintenir indéfiniment un rythme constant.	5.1 Élaborer la charte du projet et de l'équipe
Une attention continue à l'excellence technique et à une bonne conception renforce l'agilité.	5.2 Pratiques agiles usuelles
La simplicité, c'est-à-dire l'art de minimiser la quantité de travail inutile, est essentielle.	5.2.2 Préparation du backlog 5.2.3 Affinage du backlog
Les meilleures architectures, spécifications et conceptions émergent d'équipes auto-organisées.	4.3 Composition de l'équipe
À intervalles réguliers, l'équipe réfléchit aux moyens de devenir plus efficace, puis règle et modifie son comportement en conséquence.	5.2.1 Rétrospectives

ANNEXE A3
PRÉSENTATION DES CADRES DE TRAVAIL AGILE ET LEAN

Cette annexe décrit certaines des approches Agile couramment utilisées. Ces approches peuvent être utilisées telles quelles ou être associées afin de les adapter à ce qu'il y a de mieux pour un environnement ou un cas donné. Une approche Agile entièrement nouvelle peut être également élaborée à condition qu'elle respecte l'état d'esprit, les valeurs et les principes du Manifeste Agile. Si les principes Agile sont respectés pour créer de la valeur à un rythme soutenable, et si l'approche élaborée favorise la collaboration avec le client, une approche spécifique n'est pas requise. La section Bibliographie de ce guide contient pour chaque approche un lien vers des informations complémentaires.

A3.1 CRITÈRES DE SÉLECTION DU *GUIDE PRATIQUE AGILE*

Les approches et les techniques Agile sont trop nombreuses pour être décrites explicitement dans le présent guide pratique. La figure A3-1 illustre quelques approches Agile selon la profondeur de leurs orientations et l'étendue de leur cycle de vie. Les approches choisies comme sujets de discussion sont des exemples connus :

◆ **Conçues pour une utilisation holistique.** Certaines approches Agile sont axées sur une seule activité du projet, comme l'estimation ou la réflexion. Les exemples cités comprennent uniquement les cadres de travail Agile les plus généraux. Si certaines sont plus complètes que d'autres, toutes les approches choisies ont pour but de piloter un vaste ensemble d'activités du projet.

◆ **Formalisées pour une utilisation commune.** Certains cadres de travail Agile ont un caractère propriétaire et sont conçus pour l'utilisation spécifique par une seule organisation ou dans un contexte unique. Les cadres de travail décrits dans les sections A3.2 à A3.14 portent sur ceux qui sont destinés à une utilisation commune dans des contextes divers.

◆ **Populaires dans une utilisation contemporaine.** Certains cadres de travail Agile sont conçus de manière globale et bien formalisés, mais ne sont pas d'utilisation courante dans la plupart des projets ou des organisations. Les cadres de travail Agile décrits dans cette annexe ont été adoptés par un grand nombre d'industries, comme le démontrent de récentes enquêtes.

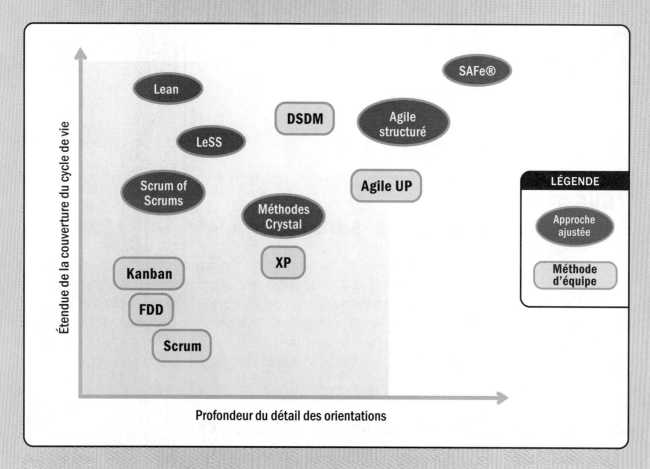

Figure A3-1. Approches Agile représentées selon l'étendue et le détail.

A3.2 SCRUM

Scrum est un ensemble de processus destiné à une équipe unique, et utilisé pour développer des produits. Ce cadre de travail se compose de rôles, d'événements, d'artefacts et de règles. Il utilise une approche itérative pour livrer un produit opérationnel. Scrum est divisé en blocs de temps d'une durée fixe d'un mois au maximum, appelés sprints, lors desquels un incrément de produit potentiellement livrable est créé. Le tableau A3-1 énumère les événements et artefacts Scrum utilisés pour l'exécution d'un projet.

L'équipe Scrum se compose d'un Product Owner, d'une équipe de développement et d'un Scrum Master.

◆ Le Product Owner est responsable de maximiser la valeur du produit.

◆ L'équipe de développement est une équipe auto-organisée pluridisciplinaire dont les membres ont toutes les compétences requises pour livrer un produit opérationnel sans avoir à dépendre d'autres personnes extérieures à l'équipe.

◆ La mission du Scrum Master consiste à s'assurer que le processus Scrum est respecté et que l'équipe Scrum adhère aux pratiques et règles. Le Scrum Master la coache afin de lever les obstacles éventuels.

Tableau A3-1. Événements et artefacts Scrum.

Événements	Artefacts
Sprint	Backlog de produit
Planification du sprint	Backlog du sprint
Daily Scrum	Incréments
Revue du sprint	
Rétrospective du sprint	

A3.3 EXTREME PROGRAMMING (XP)

L'eXtreme Programming (XP) est une méthode de développement de logiciels basée sur des cycles fréquents. Elle repose sur le concept de diffusion d'une bonne pratique donnée sous sa forme la plus pure et la plus simple et d'application constante de cette pratique tout au long du projet.

XP est surtout connu pour vulgariser un ensemble holistique de pratiques destinées à améliorer les résultats des projets de développement de logiciels. Cette méthode a d'abord été formalisée comme un ensemble de douze pratiques principales pour évoluer peu à peu de telle sorte à adopter d'autres pratiques corollaires. Elles sont représentées dans le tableau A3-2.

Tableau A3-2. Pratiques de l'eXtreme Programming.

Domaine de pratique XP	Primaire	Secondaire
Organisationnel	• S'asseoir ensemble • Toute l'équipe • Espace de travail informatif	• Implication réelle du client • Continuité de l'équipe • Rythme soutenable
Technique	• Programmation en binôme • Programmation par les tests au plus tôt • Conception incrémentale	• Appropriation collective/partagée du code • Documentation issue du code et des tests • Remaniement
Planification	• User stories • Cycle hebdomadaire • Cycle trimestriel • Ralentissement	• Analyse des causes originelles • Équipes décroissantes • Paiement à l'utilisation • Contrat à périmètre négocié • Daily standups
Intégration	• Construction toutes les dix minutes (10-minute build) • Intégration continue • Tests au plus tôt	• Base à code unique • Déploiement incrémental • Déploiement quotidien

Cette évolution est la conséquence de l'élaboration et de l'adoption de techniques par le biais de valeurs fondamentales (communication, simplicité, retour d'information, courage, respect) et reposait sur de grands principes (humanité, économie, intérêt commun, autosimilarité, amélioration, diversité, réflexion, flux, opportunité, redondance, échec, qualité, petites étapes, responsabilité acceptée).

A3.4 MÉTHODE KANBAN

Dans la production Lean, la méthode Kanban est un système de planification du contrôle et du réapprovisionnement des stocks. Ce processus de réapprovisionnement « juste à temps » des stocks a été observé à l'origine dans les épiceries où les rayons étaient réapprovisionnés selon ce qu'il y manquait et non selon les stocks du fournisseur. Inspiré par ces systèmes de gestion des stocks juste à temps, Taiichi Ohno a développé la méthode Kanban et l'a appliquée à son usine de production Toyota en 1953.

Le mot *kanban* se traduit littéralement par « signe visuel » ou « carte ». Les tableaux kanban physiques avec cartes permettent de visualiser et d'acheminer le travail dans le système afin que tous puissent le voir. Ce radiateur d'information (grand affichage) se compose de colonnes qui représentent les états par lesquels le travail doit passer afin d'être accompli. Les tableaux les plus simples peuvent ne compter que trois colonnes (à faire, en cours et fait). Toutefois, ce nombre s'adapte aux états jugés nécessaires par l'équipe.

La méthode Kanban peut s'appliquer à de nombreuses situations et permet un flux continu de travail et de valeur pour le client. Elle est moins contraignante que certaines approches Agile et ainsi moins perturbante à mettre en œuvre, car c'est la méthode « start where you are » (« commencez de là où vous êtes ») d'origine. Les organisations peuvent commencer à appliquer les méthodes Kanban avec une certaine facilité et progresser vers la pleine mise en œuvre de la méthode si elles l'estiment nécessaire ou approprié.

Contrairement à la plupart des approches Agile, la méthode Kanban n'impose pas l'utilisation d'itérations divisées en blocs de temps. Il est possible d'utiliser des itérations dans la méthode Kanban. Cependant, il convient de toujours préserver le principe de circulation à flux tiré des éléments dans le processus et de limitation du travail en cours afin d'optimiser le flux. La méthode Kanban est plus appropriée lorsqu'une équipe ou une organisation a besoin de l'une des conditions suivantes :

◆ **Flexibilité.** En règle générale, les équipes ne sont pas liées par des blocs de temps et travaillent sur la priorité la plus élevée du backlog de travail.

◆ **Concentration sur une livraison continue.** Les équipes s'attachent à faire circuler le travail à travers le système jusqu'à son achèvement, et à ne pas en démarrer un nouveau tant que le précédent n'est pas terminé.

◆ **Productivité et qualité accrues.** La productivité et la qualité sont accrues en limitant le travail en cours.

◆ **Efficacité renforcée.** Chaque tâche est vérifiée afin de détecter les activités à valeur ajoutée ou sans valeur ajoutée. Les activités sans valeur ajoutée sont éliminées.

◆ **Concentration des membres de l'équipe.** La limitation du travail en cours permet à l'équipe de se concentrer sur le travail en cours.

◆ **Variabilité de la charge de travail.** Elle se définit par l'imprévisibilité quant au flux de travail entrant qui entraine l'impossibilité pour les équipes de s'engager de manière certaine, même sur de courtes périodes de temps.

◆ **Réduction des gaspillages.** Les gaspillages, rendus visibles grâce à la transparence, sont éliminés.

La méthode Kanban est issue des principes de la pensée Lean. Les principes fondateurs et les principales caractéristiques de la méthode Kanban sont répertoriés dans le tableau A3-3.

La méthode Kanban est un cadre de travail holistique pour le changement évolutif et incrémental, des processus des organisations et de leurs systèmes. Elle utilise un « système en flux tiré » pour faire avancer le travail dans le processus. Lorsque l'équipe termine un élément, elle peut en tirer un autre vers cette étape.

Tableau A3-3. Définition des principes et des caractéristiques de la méthode Kanban.

Principes fondateurs	Principales propriétés
Commencer par l'état actuel	Visualiser le flux de travail
Convenir de poursuivre le changement évolutif et incrémental	Limiter le travail en cours
Respecter les processus, les rôles, les responsabilités et les titres actuels	Gérer le flux
Encourager les initiatives à tous les niveaux	Décrire explicitement les politiques relatives aux processus
	Mettre en œuvre des boucles de rétroaction
	S'améliorer collectivement

Le tableau kanban, comme celui illustré à la figure A3-2, est une technologie « high-touch » et « low-tech » (à fort contenu humain et à faible contenu technologique) qui paraît simpliste au premier abord, mais qui révèle vite son potentiel à ses utilisateurs. Grâce à l'utilisation de règles pour entrer et sortir des colonnes mais aussi de contraintes, comme la limitation du travail en cours, les tableaux kanban donnent un aperçu clair du flux de travail, des goulets d'étranglement, des points de blocage et du statut général. En outre, le tableau fait office de radiateur d'information pour tous ceux qui le voient et fournit des informations actualisées sur le statut du travail de l'équipe.

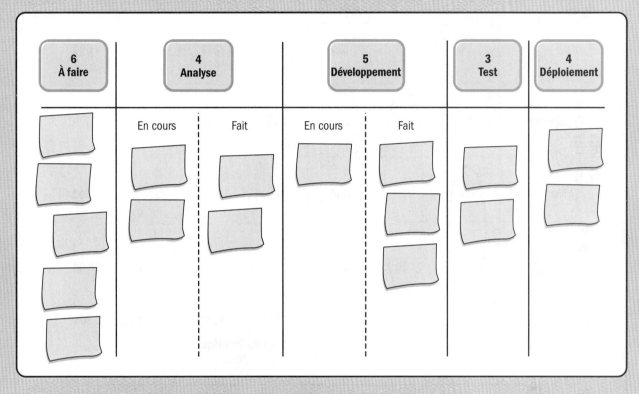

Figure A3-2. Tableau kanban présentant d'une part les limites du travail en cours et d'autre part le système en flux tiré pour optimiser le flux de travail.

Dans le cadre de la méthode Kanban, il est plus important de terminer le travail que d'en entamer un autre. Aucune valeur ne peut être retirée d'un travail inachevé. C'est pourquoi l'équipe s'applique à mettre en place et à respecter les limites du travail en cours (WIP) mais aussi à terminer chaque élément du travail.

A3.5 MÉTHODES CRYSTAL

Crystal est une famille de méthodes dont le principe consiste à sélectionner celle applicable en fonction de la taille (nombre de personnes impliquées) et de la criticité du projet.

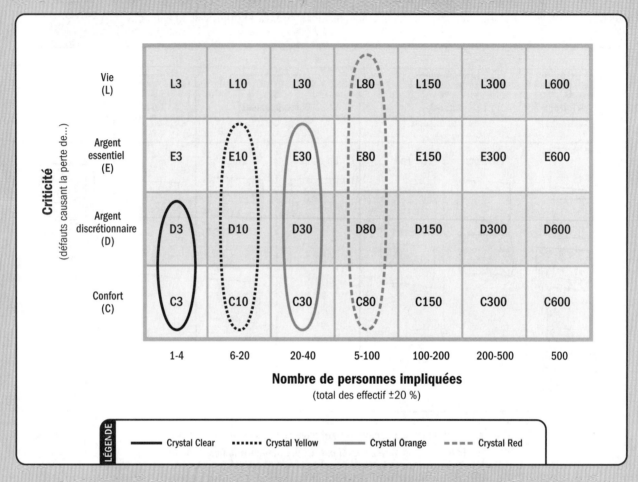

Figure A3-3. Famille des méthodes Crystal.

Les méthodes Crystal tiennent compte du fait que chaque projet peut nécessiter de personnaliser légèrement les politiques internes, les pratiques et les processus afin de répondre aux caractéristiques uniques du projet. Les méthodes Crystal se différencient par des couleurs avec lesquelles elles sont identifiées. Le mot *crystal* fait référence à la pierre précieuse, dont les différentes facettes représentent les valeurs et les principes fondamentaux. Ces facettes incarnent les techniques, les outils, les standards et les rôles cités dans le tableau A3-4.

Tableau A3-4. Valeurs fondamentales et propriétés communes de Crystal.

Principales valeurs	Propriétés communes[A]
Personnes	Livraison fréquente
Interaction	Amélioration réfléchie
Communauté	Communication étroite ou osmotique
Compétences	Sécurité personnelle
Talents	Focalisation
Communications	Accès aisé aux utilisateurs experts
	Environnement technique avec tests automatisés, gestion de la configuration et intégration fréquente

[A] Plus un projet contient ces propriétés, plus il a de chance de réussir.

A3.6 SCRUMBAN

Scrumban est une approche Agile conçue au départ comme un moyen de transition entre Scrum et Kanban. Avec l'apparition d'autres cadres de travail et de méthodes Agile, Scrumban est devenu un cadre de travail hybride évolutif où les équipes utilisent Scrum comme cadre de travail et Kanban pour l'amélioration des processus.

Dans Scrumban, le travail est organisé en petites itérations (« sprints »), puis contrôlé et visualisé sur des tableaux kanban. Les stories sont placées sur le tableau kanban, et l'équipe gère son travail grâce aux limites du travail en cours. Des réunions quotidiennes sont organisées afin de maintenir la collaboration au sein de l'équipe et de lever les éventuels obstacles. Un déclenchement de planification est mis en place afin que l'équipe sache quand planifier de nouveau, en général lorsque le niveau du travail en cours est inférieur à une limite prédéfinie. Dans Scrumban, les rôles ne sont pas prédéfinis. L'équipe conserve ses rôles actuels.

A3.7 DÉVELOPPEMENT ORIENTÉ PAR LES FONCTIONNALITÉS (FDD)

Le développement orienté par les fonctionnalités a été élaboré afin de répondre aux besoins spécifiques d'un grand projet de développement de logiciels. Les fonctionnalités se rapportent à une petite capacité de valeur.

Dans un projet de développement orienté par les fonctionnalités, les personnes peuvent assumer un ou plusieurs rôles parmi les six suivants :

◆ chef de projet ;

◆ architecte principal ;

◆ responsable du développement ;

◆ référent technique ;

◆ propriétaire de classes (Class Owner) ;

◆ expert du domaine.

Un projet de développement orienté par les fonctionnalités est organisé autour de cinq processus ou activités exécutés de manière itérative :

◆ développer un modèle général ;

◆ établir une liste des fonctionnalités ;

◆ planifier à partir des fonctionnalités ;

◆ concevoir à partir des fonctionnalités ;

◆ construire à partir des fonctionnalités.

Le flux du cycle de vie et l'interaction de ces cinq processus sont illustrés à la figure A3-4.

Les activités de développement orienté par les fonctionnalités sont prises en charge par un ensemble de bonnes pratiques du génie logiciel :

◆ modélisation des objets du domaine ;

◆ développement à partir des fonctionnalités ;

◆ appropriation des classes individuelles ;

◆ équipes orientées fonctionnalités ;

◆ inspections ;

◆ gestion de la configuration ;

◆ publications régulières ;

◆ suivi de l'avancement et des résultats.

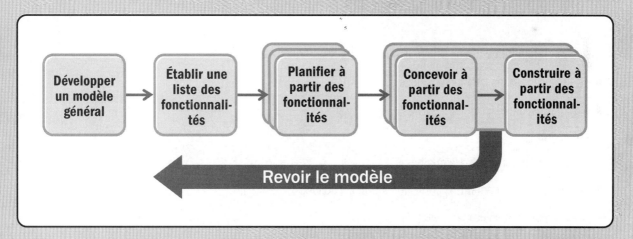

Figure A3-4. Cycle de vie du projet de développement orienté par les fonctionnalités.

A3.8 MÉTHODE DYNAMIQUE DE DÉVELOPPEMENT DE SYSTÈMES (DSDM)

La méthode dynamique de développement de systèmes (Dynamic Systems Development Method ou DSDM) est un cadre de travail de livraison de projet Agile conçue initialement pour ajouter de la rigueur aux méthodes itératives couramment utilisées dans les années 1990. Elle a été développée via une collaboration non commerciale par les leaders du secteur.

La méthode DSDM est mieux connue pour son attachement à la livraison orientée par les contraintes. Ce cadre de travail définit d'emblée les coûts, la qualité et les délais, puis utilise la hiérarchisation formalisée du périmètre pour satisfaire ces contraintes, comme l'indique la figure A3-5.

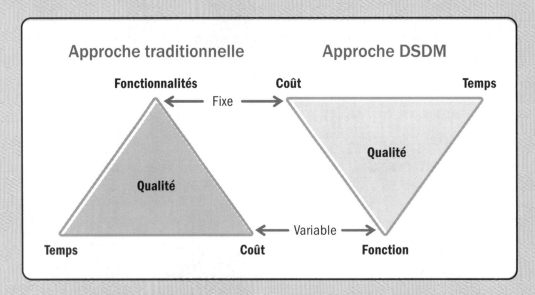

Figure A3-5. Approche DSDM de l'agilité orientée par les contraintes.

L'utilisation du cadre de travail DSDM est guidée par huit principes :

◆ se focaliser sur les besoins business ;

◆ livrer dans les délais ;

◆ collaborer ;

◆ ne jamais compromettre la qualité ;

◆ construire par incréments à partir de fondations solides ;

◆ développer de manière itérative ;

◆ communiquer de façon claire et continue ;

◆ démontrer le contrôle (utiliser des techniques appropriées).

A3.9 PROCESSUS UNIFIÉ AGILE

Le processus unifié Agile (AgileUP) est une branche du processus unifié (UP) dans le cadre des projets logiciels. Il présente des cycles accélérés et des processus plus légers que son prédécesseur, le processus unifié. Le but est de réaliser plus de cycles itératifs dans les sept disciplines principales et d'intégrer le retour d'information associé avant la livraison officielle. Les disciplines et les principes directeurs sont énumérés dans le tableau A3-5.

Tableau A3-5. Principaux éléments du processus unifié Agile.

Disciplines dans une livraison	Principes régissant les disciplines
Modèle	L'équipe sait ce qu'elle fait
Mise en œuvre	Simplicité
Test	Agilité
Déploiement	Focalisation sur les activités à valeur élevée
Gestion de la configuration	Indépendance des outils
Management de projet	Adaptation
Environnement	Spécifique à la situation

A3.10 CADRES DE TRAVAIL D'AJUSTEMENT D'ÉCHELLE

A3.10.1 SCRUM OF SCRUMS

Le Scrum of Scrums (SoS), également connu sous le nom de « méta Scrum », est une technique utilisée lorsqu'au moins deux équipes Scrum composées de trois à neuf personnes, au lieu d'une grande équipe Scrum, doivent coordonner leur travail. Un représentant de chaque équipe participe à une réunion avec le ou les autres représentants. Cette réunion, qui peut être quotidienne, se tient généralement deux à trois fois par semaine. La réunion quotidienne est organisée de la même façon que le Daily Standup dans Scrum où le représentant fait état du travail accompli, du prochain travail à faire, des obstacles actuels et des éventuels obstacles à venir susceptibles de bloquer la ou les autres équipes. Le but est de s'assurer que les équipes coordonnent le travail et lèvent les obstacles éventuels afin d'optimiser leur efficacité.

Les grands projets impliquant plusieurs équipes peuvent organiser une Scrum of Scrums of Scrums suivant le même modèle qu'un Scrum of Scrums avec un représentant de chaque Scrum of Scrums subordonné à un plus grand groupe de représentants, comme l'indique la figure A3-6.

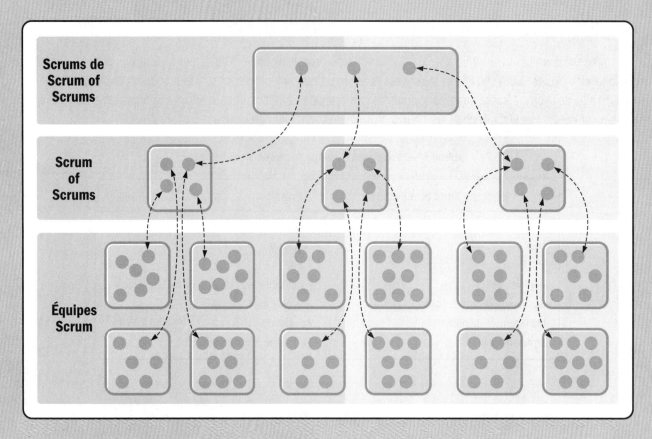

Figure A3-6. Représentants des équipes Scrum participant aux équipes SoS.

A3.11 SCALED AGILE FRAMEWORK

Scaled Agile Framework (SAFe®) fournit une base de connaissances de schémas afin d'ajuster le travail de développement à plus large échelle à tous les niveaux de l'entreprise.

SAFe® s'articule autour des principes suivants :

◆ avoir une vision basée sur l'économie ;

◆ appliquer une pensée systémique ;

◆ assumer la variabilité et se réserver des options ;

◆ construire par incréments avec des cycles d'apprentissage rapides et intégrés ;

◆ avoir des jalons basés sur l'évaluation objective des systèmes opérationnels ;

- visualiser et limiter le travail en cours, réduire les tailles des lots et gérer les longueurs de file d'attente ;
- appliquer une cadence et synchroniser avec la planification inter-domaines ;
- libérer la motivation intrinsèque des travailleurs du savoir ;
- décentraliser la prise de décision.

SAFe® détaille les pratiques, les rôles et les activités au niveau du portefeuille, du programme et de l'équipe. En outre, il met l'accent sur l'organisation de l'entreprise autour de flux axés sur la création de valeur constante pour le client.

A3.12 LARGE-SCALE SCRUM (LeSS)

Large-Scale Scrum (LeSS) est un cadre de travail dont le but est d'organiser plusieurs équipes de développement vers un objectif d'extension de la méthode Scrum illustrée à la figure A3-6. Le principe fondamental consiste à conserver le plus d'éléments possible du modèle Scrum conventionnel à équipe unique. Ceci permet de minimiser les extensions au modèle susceptibles de créer une confusion ou une complexité inutile. Le tableau A3-6 compare Less et Scrum.

Tableau A3-6. Comparaison entre LeSS et Scrum

Similarités entre LeSS et Scrum	Techniques LeSS ajoutées à Scrum
Un seul backlog de produit	La planification du sprint est divisée officiellement en deux parties (quoi et comment)
Une définition d'« accompli » pour toutes les équipes	Coordination organique entre les équipes
Un incrément de produit potentiellement livrable à la fin de chaque sprint	Affinage global entre les équipes
Un Product Owner	Rétrospective générale axée sur les améliorations entre les équipes
Équipes pluridisciplinaires complètes	
Un sprint	

Afin d'étendre Scrum sans en perdre les propriétés, LeSS préconise l'utilisation de certains principes éclairés, comme la pensée systémique, l'orientation sur l'intégralité du produit ou la transparence.

A3.13 SCRUM D'ENTREPRISE

Le Scrum d'entreprise est un cadre de travail conçu pour appliquer la méthode Scrum à un niveau organisationnel holistique au lieu d'un seul effort de développement de produit. Ce cadre de travail conseille plus particulièrement les actions suivantes aux dirigeants de l'organisation :

◆ étendre l'utilisation de Scrum à tous les aspects de l'organisation ;

◆ généraliser les techniques Scrum afin de les appliquer facilement à ces différents aspects ;

◆ utiliser la méthode Scrum à plus grande échelle à l'aide d'autres techniques, si nécessaire.

Le but est d'utiliser les approches Agile au-delà de l'exécution du projet en favorisant une innovation disruptive.

A3.14 AGILE STRUCTURÉ (DA)

L'Agile structuré est un cadre de travail décisionnel par processus qui intègre plusieurs bonnes pratiques Agile dans un modèle complet. Il a été conçu pour offrir un équilibre entre ces méthodes courantes jugées trop restrictives (par exemple, Scrum) ou trop contraignantes dans le détail (par exemple, AgileUP). Pour atteindre cet équilibre, l'Agile structuré associe des techniques Agile selon les principes suivants :

◆ **Priorité aux personnes.** Énumérer les rôles et les éléments de l'organisation à différents niveaux.

◆ **Favoriser l'apprentissage.** Encourager l'amélioration collaborative.

◆ **Cycle de vie complet de livraison.** Promouvoir plusieurs cycles de vie adaptés au besoin (fit for purpose).

◆ **Piloter par les objectifs.** Adapter les processus afin d'obtenir des résultats spécifiques.

◆ **Prise en compte du contexte de l'entreprise.** Fournir une orientation sur la gouvernance interservices.

◆ **Ajustement d'échelle.** Couvrir plusieurs dimensions de la complexité du programme.

APPENDICE X1
CONTRIBUTEURS ET RÉVISEURS

X1.1 COMITÉ PRINCIPAL DU *GUIDE PRATIQUE AGILE*

Les personnes suivantes faisaient partie du comité principal du projet chargé de la rédaction du guide, y compris des processus de révision et de décision concernant les recommandations des réviseurs.

X1.1.1 REPRÉSENTANT LE PROJECT MANAGEMENT INSTITUTE

Mike Griffiths, PMP, PMI-ACP (président du comité)
Jesse Fewell, CST, PMI-ACP
Horia Slușanschi, PhD, CSM
Stephen Matola, BA, PMP

X1.1.2 REPRÉSENTANT AGILE ALLIANCE

Johanna Rothman, MS (vice-présidente du comité)
Becky Hartman, PMI-ACP, CSP
Betsy Kauffman, ICP-ACC, PMI-ACP

X1.2 RÉVISEURS EXPERTS DU *GUIDE PRATIQUE AGILE*

Les personnes suivantes ont été invitées à réviser la version préliminaire et à fournir des recommandations lors de la revue par les experts en la matière.

Joe Astolfi, PMP, PSM

Maria Cristina Barbero, PMI-ACP, PMP

Michel Biedermann, PhD, PMI-ACP

Zach Bonaker

Robert Bulger, PfMP, CSM

Sue Burk

Shika Carter, PMP, PMI-ACP

Lauren Clark, PMP, CSM

Linda M Cook, CSM, CSPO

Pamela Corbin-Jones, PMI-ACP, CSM

Jeff Covert

Alberto Dominguez, MSc, PMP

Scott P. Duncan, CSM, ICP-ACC

Sally Elatta, PMI-ACP, EBAC

Frank R. Hendriks, PMP, PMI-ACP

Derek Huether

Ron Jeffries

Fred Koos

Philippe B. Kruchten, PhD, PEng

Steve Mayner, SPCT4, PMP

Michael S. McCalla, PMI-ACP, CSP

Don B. McClure, PMP, PMI-ACP

Anthony C. Mersino, PMI-ACP, CSP

Kenneth E. Nidiffer, PhD, PMP

Michael C. Nollet, PMP, PMI-ACP

Laura Paton, MBA, PMP

Yvan Petit, PhD, PMP

Dwayne Phillips, PhD, PMP

Piyush Prakash, PMP, Prince2

Dave Prior, PMP, CST

Daniel Rawsthorne, PhD, PMP

Annette D. Reilly, PMP, PhD

Stephan Reindl, PMI-ACP, PMP

Reed D. Shell, PMP, CSP

Cindy Shelton, PMP, PMI-ACP

Teresa Short

Lisa K. Sieverts, PMP, PMI-ACP

Christopher M. Simonek, PMP, CSM

Robert « Sellers » Smith, PMP, PMI-ACP

Ram Srinivasan, PMP, CST

Chris Stevens, PhD

Karen Strichartz, PMP, PMI-ACP

Rahul Sudame, PMI-ACP

Joanna L. Vahlsing, PMP

Erik L. van Daalen

Annette Vendelbo, PMP, PMI-ACP

Dave Violette, MPM, PMP

Anton Vishnyak, PMI-ACP, CSM

Chuck Walrad, MA, MS

X1.3 GROUPE DE DISCUSSION SUR LE FORMAT

Les personnes suivantes ont contribué au développement de nouveaux éléments de format et de style du contenu dans le cadre du *Guide pratique Agile*.

Goran Banjanin, PgMP, PMP

Andrew Craig

Cătălin-Teodor Dogaru, PhD, PMP

Jorge Espinoza, PMP

Jennifer M. Forrest, CSM, PMP

Helen Fotos, PMP, PMI-ACP

Dave Hatter, PMP, PMI-ACP

Christopher Healy, PMP

Mike Hoffmann, MBA, PMP

Chadi Kahwaji, PMP

Rajaraman Kannan, PMP, MACS CP

Amit Khanna PMP, PMI–ACP

Ariel Kirshbom, PMI-ACP, CSP

Bernardo Marques, PMP

Noura Saad, PMI-ACP, CSPO

Kurt Schuler, PMP

Demetrius L. Williams, MBA, PMP

Liza Wood

Melody Yale, CSP, SPC4

X1.4 PMI STANDARDS MEMBER ADVISORY GROUP (MAG)

Les personnes suivantes sont des membres du comité Standards Member Advisory Group de PMI ayant fourni une orientation et donné une approbation finale au nom de PMI pour le *Guide pratique Agile*.

Maria Cristina Barbero, PMI-ACP, PMP

Brian Grafsgaard, PMP, PgMP

Hagit Landman, PMP, PMI-SP

Yvan Petit PhD, PMP

Chris Stevens, PhD

Dave Violette, MPM, PMP

John Zlockie, MBA, PMP, responsable des standards de PMI

X1.5 CONSEIL D'ADMINISTRATION D'AGILE ALLIANCE®

Les personnes suivantes sont des membres du conseil d'administration d'Agile Alliance® ayant fourni une orientation et donné une approbation finale au nom d'Agile Alliance pour le *Guide pratique Agile*.

Juan Banda

Phil Brock (directeur général)

Linda Cook

Stephanie Davis

Ellen Grove

Paul Hammond (président)

Victor Hugo Germano

Rebecca Parsons (secrétaire)

Craig Smith

Declan Whelan

X1.6 PERSONNEL DE SUPPORT ET D'AIDE À LA RECHERCHE ACADÉMIQUE DE PMI

Les personnes suivantes ont aidé le comité principal dans le développement et l'approbation de la version préliminaire, épaulées par le groupe de discussion sur le format et les efforts marketing de PMI.

Melissa M. Abel, Marketing Communications Specialist
Karl F. Best, PMP, CStd, Standards Specialist
Alicia C. Burke, MBA, CSM, Product Manager, Credentials
Edivandro C. Conforto, PhD, PMI Consultant on Agile Research
Dave Garrett, CSPO, Vice President, Transformation
Erica Grenfell, Administrative Assistant to VP, Organization Relations
M. Elaine Lazar, MA, MA, AStd, Project Specialist
Andrew Levin, PMP, Project Manager
Tim E. Ogline, User Experience Designer
Stephen A. Townsend, Director of Network Programs
Michael Zarro, PhD, UX Researcher

X1.7 PERSONNEL DE PRODUCTION DE PMI

Donn Greenberg, Manager, Publications
Kim Shinners, Publications Production Associate
Roberta Storer, Éditeur produit
Barbara Walsh, Superviseur Production des publications

X1.8 MEMBRES DU GROUPE FRANCOPHONE DE VERIFICATION DE LA TRADUCTION

Olivier Lazar, PfMP, PgMP, PMP, PMI-RMP, PMI-SP, PMI-ACP, PMI-PBA
Patrick Maillard, PMP
Laurent Thomas DSc, PMP, PMI-ACP

X1.9 MEMBRES DU COMITE DE VALIDATION DES TRADUCTIONS

Barbara Walsh, Superviseur de la production des publications
Margaret Lyons, Conceptrice des examens
Stephen Townsend, Directeur, Network Programs
Vivian Isaak, Présidente, Magnum Group, Inc., société de traduction
Brian Middleton, Responsable des solutions stratégiques, Magnum Group, Inc., société de traduction

APPENDICE X2
ATTRIBUTS QUI INFLUENCENT L'ADAPTATION

X2.1 INTRODUCTION

Cet appendice fournit des indications générales sur quand et comment adapter les approches Agile. Il peut servir à déterminer les circonstances qui pourraient justifier la modification ou l'introduction de nouvelles techniques. Des recommandations sont également formulées.

X2.2 PRÉCAUTIONS PRÉALABLES

L'adaptation est un sujet pointu réservé aux professionnels expérimentés ayant utilisé avec succès des approches Agile, telles que décrites à l'origine, dans divers environnements avant d'envisager de les adapter. Autrement dit, le but est d'acquérir de l'expérience et de réussir une approche avant de tenter de l'adapter.

Lorsqu'on tente d'adopter une pratique Agile, il est courant de se demander s'il est nécessaire de le faire ou non. Une affirmation, telle que « Les rétrospectives étaient peu appréciées, alors nous avons décidé d'y renoncer », illustre ce problème et soulève un aspect plus fondamental au niveau de l'équipe qu'il est peu probable de résoudre en adaptant la méthode. La situation est d'autant plus grave si l'on omet l'activité de rétrospective dont le but est d'améliorer le processus.

> Le modèle d'acquisition de compétences Shu-Ha-Ri illustre la progression par trois étapes que sont : le respect des règles (Shu 守 signifie obéir et protéger), se distancier consciemment des règles (Ha 破 signifie changer ou digresser), puis la pratique et l'amélioration constantes en vue de suivre son propre parcours (Ri 離 signifie se séparer ou quitter). En ce sens, nous devons commencer par le niveau Shu avant de passer au niveau Ha pour adapter le processus ou au niveau Ri pour inventer un nouveau processus adapté.

Enfin, l'adaptation doit être entreprise en collaboration avec les membres de l'équipe ou toute personne impactée par le changement. Ils doivent participer au processus de réflexion et de prise de décision sur le changement des processus afin de s'impliquer et d'accepter ces changements pour une transition réussie. L'omission de quiconque dans l'adaptation d'un processus est susceptible d'alimenter une résistance et un ressentiment face au changement, même s'il fait sens techniquement. Les coaches ou les leaders expérimentés peuvent souvent aider à impliquer efficacement des personnes.

X2.3 COMMENT UTILISER CET APPENDICE

Pour profiter des conseils prodigués dans cet appendice, nous vous recommandons d'utiliser d'abord les approches Agile telles qu'elles ont été conçues. Ensuite, passez en revue les directives relatives à l'adaptation du tableau X2-1 qui correspondent à la situation et lisez les recommandations associées. Discutez du changement avec les personnes concernées et convenez d'une marche à suivre.

Comme abordé dans la section 5, un bon moyen d'évaluer un changement est de le tester sur une ou deux itérations avant de l'adopter de façon permanente. Autre solution, pensez à une approche basée sur les flux pour livrer plusieurs fonctionnalités. Ensuite, réfléchissez à l'aide d'une rétrospective et évaluez de nouveau.

Quand les personnes savent qu'elles peuvent expérimenter et donner leurs impressions, elles acceptent plus volontiers de tenter autre chose. Après une tentative sur un bloc de temps, l'équipe doit étudier son efficacité lors d'une rétrospective afin de décider de poursuivre l'approche Agile telle quelle, de la modifier en vue de l'améliorer ou de l'abandonner.

Enfin, les approches choisies et adaptées avec succès peuvent être institutionnalisées dans des processus standards employés dans le cadre de projets qui partagent ces caractéristiques. Il est également recommandé de respecter les directives de la section 5 qui décrivent l'adoption (ou l'adaptation) de nouvelles approches.

X2.4 RECOMMANDATIONS EN MATIÈRE D'ADAPTATION

Voici quelques bonnes pratiques à prendre en compte avant d'adapter une approche.

X2.4.1 PRENDRE GARDE AUX SUPPRESSIONS

Les pratiques Agile se renforcent mutuellement. Par exemple, la co-localisation et les discussions professionnelles fréquentes permettent d'alléger les exigences, car les incompréhensions peuvent être levées rapidement. De même, les tests rigoureux de XP permettent d'effectuer une refonte courageuse, étant donné qu'une pratique appuie l'autre. La suppression d'un élément sans comprendre ni aborder ses pratiques complémentaires pourrait créer plus de problèmes qu'elle n'en résout.

X2.4.2 UTILISATION DU TABLEAU DE DIRECTIVES D'ADAPTATION

À l'aide du tableau X2-1, trouvez les circonstances qui correspondent à une situation donnée et étudiez les recommandations en matière d'adaptation. Discutez des changements avec les personnes qui seront concernées et planifiez de brefs essais ainsi qu'un examen de suivi impartial avant de procéder au changement.

Tableau X2-1. Directives d'adaptation

Situation	Recommandation en matière d'adaptation
Très grandes équipes projet	Restructurez les grands projets en plusieurs petits projets. Essayez d'abord un projet pilote technologique puis un projet de mise en œuvre.
	Envisagez des livraisons plus fréquentes de moins de fonctionnalités afin de permettre la création d'équipes projet plus petites.
	Pensez à limiter l'équipe à ses membres principaux. Souvent, trop de personnes entravent un processus. La réduction de la taille de l'équipe peut limiter l'instabilité et les coûts.
	Divisez les grandes équipes en plusieurs petites et utilisez le management de programme pour la synchronisation et la coordination.
	Faites appel au management de programme Agile et Lean pour organiser un plus grand effort.
	Envisagez un cadre de travail Agile ou Lean à grande échelle, comme DA, SAFe® ou LeSS. Chacun propose des idées utiles et assume les risques liés à leur mise en œuvre ainsi qu'un ratio coût/inertie du processus.

Tableau X2-1. Directives d'adaptation *(suite)*

Situation	Recommandation en matière d'adaptation
Équipes dispersées	Souvent, les membres d'équipe projet sont géographiquement dispersés. Les outils, comme la messagerie instantanée, la vidéoconférence et les tableaux d'équipe électroniques, aident à combler de nombreuses lacunes de communication. Si les équipes restent stables, organisez des réunions présentielles dès que possible afin d'accroître l'efficacité des futures discussions à distance. Les personnes qui se sont rencontrées personnellement participent plus librement à des discussions, car elles ont un niveau de confiance plus élevé. Lorsque vous organisez des réunions avec des participants distants où les indices non verbaux, comme les mimiques et le langage corporel, sont inexistants, procédez à des tours de parole afin d'assurer la participation et de vérifier le consensus sur les décisions. Pensez également à utiliser des approches Agile basées sur les itérations. Si les membres de l'équipe sont séparés par plusieurs fuseaux horaires, utilisez moins souvent les itérations sur l'ensemble du projet et encouragez des réunions en personne plus fréquentes, à raison de deux ou trois personnes à la fois.
Certains produits essentiels à la sécurité peuvent exiger une documentation et des vérifications de conformité supplémentaires en plus de ce que les processus Agile proposent clé en main.	Les approches Agile peuvent être utilisées dans ces environnements. Pour cela, elles doivent comporter le nombre approprié d'étapes supplémentaires d'examen, de documentation et de certification de la conformité requises par le domaine. Dans ce cas, la documentation peut faire partie de la livraison de l'équipe avec les fonctionnalités finies. Les fonctionnalités ne peuvent être finalisées tant que la documentation n'est pas prête. Envisagez d'utiliser une approche hybride (combinaison d'approches Agile) pour profiter des avantages d'une collaboration et d'une communication améliorées par l'agilité avec la rigueur accrue requise par l'environnement du produit. Les développeurs de systèmes d'avionique et les sociétés pharmaceutiques utilisent des approches Agile associées à leurs autres processus afin de profiter des avantages et de maintenir les contrôles nécessaires.
Exigences stables et processus d'exécution	Une approche Agile est-elle réellement nécessaire ? Les approches Agile ne sont peut-être pas nécessaires si l'incertitude liée aux exigences, le taux de changement ou le risque minimum d'exécution sont faibles. Alors que les projets bénéficient de plus de collaboration et de transparence, certains cycles itératifs de revue et de réalisation peuvent être excessifs. Si les cycles de réalisation/retour d'information ne révèlent ou n'affinent pas systématiquement les exigences, pensez à allonger leur durée afin de minimiser l'incidence sur les coûts de la période de revue. Si un projet, dont la conception et le développement comportent des taux élevés de changement, mais que la mise en œuvre pour les clients est un processus défini et répétable, les approches hybrides qui utilisent le bon modèle de cycle de vie pour chacune des phases du projet peuvent être plus appropriées.
Les équipes se trouvent dans des silos fonctionnels au sein d'organisations fonctionnelles.	L'agilité repose sur l'idée d'équipes pluridisciplinaires. Demandez aux personnes de constituer des équipes pluridisciplinaires sans l'aide de la Direction et observez. Si le système de rémunération est organisé de manière à reconnaître et récompenser les domaines fonctionnels, changez-le en premier. Les personnes risquent de ne pas agir dans l'intérêt du produit ou de l'équipe tant que leur rémunération n'est pas affectée d'une certaine façon.

Tableau X2-1. Directives d'adaptation *(suite)*

Situation	Recommandation en matière d'adaptation
La transparence peut susciter de la peur.	L'agilité crée une culture de transparence. Les personnes montrent et partagent leur travail tout au long du développement. La transparence est le partage de livrables intermédiaires mais aussi la franchise et l'honnêteté au sujet des réussites, des échecs et de l'état actuel. La transparence nécessite du courage. Donnez l'exemple et faites preuve de transparence dans les processus de prise de décision en utilisant un tableau de bord ou un tableau blanc.
Les membres d'équipes ont pour la plupart peu de connaissances techniques.	Les approches Agile encouragent et font appel à des équipes autonomes pour prendre des décisions locales sur les éléments du travail, comme l'organisation des tâches en séquence et l'approche à utiliser lors de la résolution d'un problème. Lorsque la majorité des membres de l'équipe manque d'expérience, les approches basées sur le consensus peuvent entraîner des problèmes et une reprise. Dans ce cas, une aide « affectation » et « direction » supplémentaire peut être attribuée à ces équipes jusqu'à ce qu'elles acquièrent les compétences nécessaires. Autrement dit, ne vous contentez pas de déclarer que vous utiliserez des approches Agile et de laisser une équipe inexpérimentée se débrouiller sous prétexte qu'elle est autonome et responsabilisée. Construisez des centres de compétences qui donneront des conseils et développeront les connaissances du domaine.
Absence d'appui de la Direction	En l'absence de l'appui de la Direction, les équipes seront confrontées à un conflit entre l'état d'esprit et les approches Agile, d'une part, et l'état d'esprit et les approches prédictives, d'autre part. Trouvez un terrain d'entente, identifiez les domaines à améliorer en fonction des besoins de l'organisation, puis appuyez-vous sur les expériences et les rétrospectives pour aller de l'avant. Envisagez de proposer une formation à la Direction. En outre, expliquez l'agilité en termes de pensée rationnelle : cycles courts, lots de taille réduite, revues fréquentes et rétrospectives avec de petites améliorations.
Le vocabulaire Agile ne coïncide pas avec la culture organisationnelle.	Modifiez la terminologie afin que les personnes comprennent et adhèrent aux pratiques, si ce n'est au vocabulaire Agile. Faites preuve de précision quant à la signification de chaque terme. Par exemple, si l'organisation estime que le mot « jeu » n'est pas professionnel, n'utilisez pas des expressions comme « jeu de planification », mais plutôt « atelier de planification ».

APPENDICE X3
FILTRES DE PERTINENCE AGILE

X3.1 INTRODUCTION

Les ouvrages spécialisés contiennent de nombreux filtres de pertinence Agile afin d'évaluer dans quelles circonstances une approche Agile convient. En 1994, la méthode DSDM (Dynamic Systems Development Method) a élaboré un questionnaire sur la compatibilité d'un projet Agile et un questionnaire sur la compatibilité de l'organisation afin d'aider à évaluer la compatibilité probable et les éventuels domaines problématiques.

La famille de méthodes Crystal a également employé les critères de pertinence, le classement des projets par taille d'équipe et la criticité du produit ou du service développé. Crystal recommande d'entreprendre des projets plus petits et moins critiques avec des contrôles moins soutenus et des approches plus simples. Pour les projets de grande envergure, de mission ou critiques, une rigueur et une validation accrues sont recommandées.

Depuis le développement de ces approches, de nombreux autres modèles ont été créés pour aider à déterminer où et quand utiliser des approches Agile. MM. Boehm et Turner ont adopté certains éléments de DSDM et de Crystal pour établir un modèle d'évaluation qui permet de savoir si un projet doit être entrepris à l'aide d'une approche Agile ou d'une approche plus traditionnelle.

Sur la base de ces précédents modèles et après avoir été élargi pour tenir compte des approches hybrides, le modèle suivant est proposé. Il représente une synthèse de plusieurs attributs des filtres de pertinence afin d'aider les organisations à évaluer et à savoir quelle approche adopter, parmi les approches prédictive, hybride ou Agile, pour entreprendre un projet.

X3.2 PRÉSENTATION DU MODÈLE

Les attributs de l'organisation et du projet sont évalués selon les trois grandes catégories suivantes.

◆ **Culture.** L'équipe se trouve-t-elle dans un environnement favorable caractérisé par la confiance et l'adhésion à l'approche ?

◆ **Équipe.** La taille de l'équipe est-elle appropriée pour adopter avec succès les approches Agile ? Les membres de l'équipe disposent-ils de l'expérience et de l'accès nécessaires aux représentants métier pour réussir ?

◆ **Projet.** Les taux de changement sont-ils élevés ? Est-il possible de livrer de façon incrémentale ? Quelle est la criticité du projet ?

Les réponses aux questions de ces catégories sont ensuite reportées sur un radar. Les regroupements de valeurs autour du centre du diagramme indiquent que les approches Agile conviennent bien, tandis que ceux situés autour de l'extérieur penchent davantage pour une approche prédictive. Les valeurs situées dans la partie intermédiaire, entre Agile et prédictive, indiquent qu'une approche hybride peut être un bon choix. La figure X3-1 présente un exemple de radar.

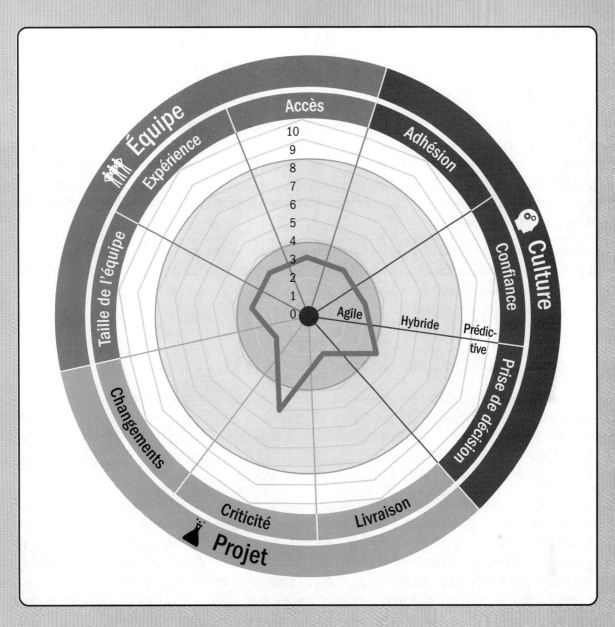

Figure X3-1. Modèle de pertinence d'une approche Agile.

X3.3 MODE D'EMPLOI

X3.3.1 RÉPONDRE AU QUESTIONNAIRE EN GROUPE

Pour les petits projets, le groupe peut être tout simplement composé du sponsor, de la direction technique et d'un client. Pour les grands projets, le groupe peut comprendre des représentants du groupe sponsor, l'équipe d'exécution des projets, le ou les groupes métier concernés, le ou les groupes de gouvernance du projet et la communauté des clients. L'important est qu'aucune partie prenante ne doit à elle seule estimer ou planifier un projet, car elle représente un unique point de vue et a son parti pris. De même, aucune personne ne doit à elle seule évaluer la pertinence d'une approche, pour les mêmes raisons.

En revanche, la valeur de l'outil est la discussion qu'elle encourage avec les parties investies du projet. Même si les résultats indiquent une approche hybride, mais que les parties prenantes souhaitent adopter une approche en grande partie Agile ou prédictive, respectez leur consensus. Cet outil ne donne qu'un diagnostic général. La décision finale doit incomber aux personnes concernées et être soutenue par celles-ci.

X3.3.2 NOTER LES QUESTIONS SUR UNE ÉCHELLE DE 1 À 10

En tant que groupe, discutez et convenez, ou transigez, d'une note qui reflète le plus précisément possible l'évaluation subjective de la question. Seules des options définitives ont été données pour le début, le milieu et la fin de l'échelle de réponses correspondant aux notes 1, 5 et 10. Néanmoins, il est possible, et souhaitable, d'utiliser des notes comme 2 pour indiquer que vous êtes proche du 1 ou 7 pour vous situer entre 5 et 10. L'évaluation est un outil de discussion. Les points de vue seront subjectifs, et il faut s'attendre à nuancer les propos.

Si un groupe ne parvient pas à s'accorder sur une note, discutez des points à traiter de manière ouverte et impartiale. Avant de suggérer de faire des compromis (en utilisant des notes moyennes ou en marquant les notes du PMO avec une croix (X) bleue et celles de l'équipe développement avec un rond (O) vert), demandez-vous comment le projet peut réussir si les participants ne s'entendent pas sur une simple évaluation. Si, lors des discussions, les différences d'opinions sont identifiées, c'est parfait. Vous n'avez plus qu'à parvenir à un accord. De même, si l'évaluation indique une approche prédictive, mais que tous souhaitent tenter une approche Agile, ou inversement, c'est aussi très bien. Il suffira de comprendre les points à traiter et de savoir comment gérer les impacts de l'approche.

X3.3.3 INTERPRÉTER LES RÉSULTATS

Marquez les réponses aux questions sur un diagramme vierge d'évaluation de la pertinence, puis reliez les points. Les résultats regroupés autour du centre dans la zone Agile indiquent qu'une approche uniquement Agile est tout à fait adaptée.

Les résultats qui se trouvent principalement dans la zone hybride indiquent qu'une combinaison d'approches Agile et prédictives peut mieux fonctionner. Toutefois, une approche Agile comportant d'autres étapes de réduction des risques, tels qu'un apprentissage et une formation complémentaires ou une validation et une documentation plus rigoureuses dans le cas de projets à criticité élevée, peut également suffire. Sinon, une approche prédictive avec un travail de validation de principe ou des processus supplémentaires peut également convenir.

Les résultats concentrés principalement dans la zone prédictive indiquent qu'une approche uniquement prédictive est adaptée. Comme le précise la section X3.3.2, intitulée Noter les questions, cet outil de diagnostic a pour but de lancer des discussions sérieuses avec les parties concernées sur l'utilisation de l'approche la plus adaptée. Si l'approche suggérée par l'outil n'est pas acceptable, il est possible d'en adopter une autre. Utilisez les résultats comme données d'entrée pour le processus de gestion des risques, étant donné que l'outil indique des inadéquations qui devront être traitées.

X3.4 QUESTIONS SUR LES FILTRES DE PERTINENCE

X3.4.1 CATÉGORIE : CULTURE

X3.4.1.1 ADHÉSION À L'APPROCHE

Le sponsor principal comprend-il et soutient-il l'utilisation d'une approche Agile pour ce projet ? Voir la figure X3-2.

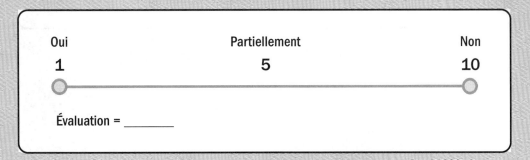

Figure X3-2. Évaluation de l'adhésion à l'approche.

X3.4.1.2 CONFIANCE DANS L'ÉQUIPE

Tenez compte des sponsors et des représentants métier qui collaboreront avec l'équipe. Ces parties prenantes sont-elles convaincues que l'équipe est capable de traduire leur vision et leurs besoins en un produit ou un service efficace, avec un soutien et un retour d'information réciproques ? Voir la figure X3-3.

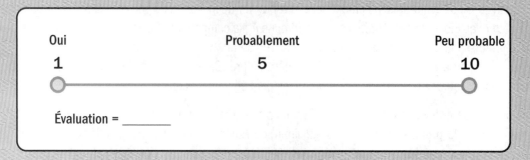

Figure X3-3. Évaluation de la confiance dans l'équipe.

X3.4.1.3 POUVOIR DE PRISE DE DÉCISION DE L'ÉQUIPE

L'équipe jouira-t-elle d'une autonomie suffisante pour prendre ses propres décisions locales sur la manière d'entreprendre le travail ? Voir la figure X3-4.

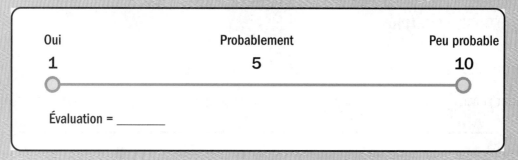

Figure X3-4. Évaluation du pouvoir de prise de décision de l'équipe.

X3.4.2 CATÉGORIE : ÉQUIPE

X3.4.2.1 TAILLE DE L'ÉQUIPE

Quelle est la taille de l'équipe principale ? Utilisez cette échelle : de 1 à 9 = 1, de 10 à 20 = 2, de 21 à 30 = 3, de 31 à 45 = 4, de 46 à 60 = 5, de 61 à 80 = 6, de 81 à 110 = 7, de 111 à 150 = 8, de 151 à 200 = 9, 201 et plus = 10. Voir la figure X3-5.

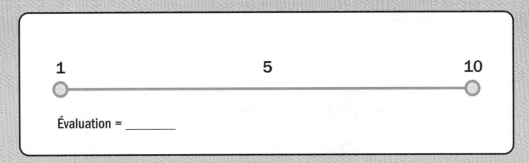

Figure X3-5. Évaluation de la taille de l'équipe.

X3.4.2.2 NIVEAUX D'EXPÉRIENCE

Tenez compte des niveaux d'expérience et de compétence des rôles de l'équipe principale. S'il est normal d'avoir des personnes plus ou moins expérimentées dans les rôles pour le bon déroulement des projets Agile, il est plus facile d'avoir au moins une personne expérimentée dans chaque rôle. Voir la figure X3-6.

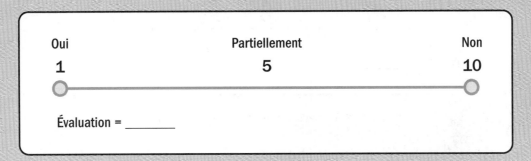

Figure X3-6. Évaluation des niveaux d'expérience

X3.4.2.3 ACCÈS AU CLIENT/À L'ORGANISATION

L'équipe aura-t-elle accès quotidiennement à au moins un représentant métier/du client pour poser des questions et obtenir un retour d'information ? Voir la figure X3-7.

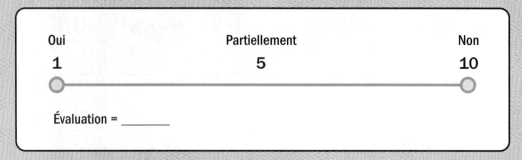

Figure X3-7. Évaluation de l'accès au client/au métier.

X3.4.3 CATÉGORIE : PROJET

X3.4.3.1 ÉVENTUALITÉ DE CHANGEMENTS

Quel est le pourcentage des exigences susceptibles de changer ou d'être découvertes par mois ? Voir la figure X3-8.

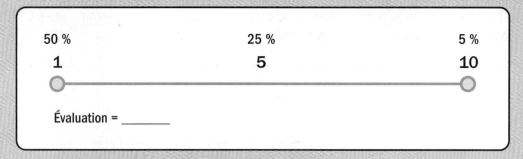

Figure X3-8. Évaluation de l'éventualité de changements.

X3.4.3.2 CRITICITÉ D'UN PRODUIT OU D'UN SERVICE

Pour aider à établir les niveaux auxquels une vérification et une documentation plus rigoureuses sont nécessaires, il convient d'évaluer la criticité du produit ou du service élaboré. Grâce à une évaluation qui prend en compte la perte due à l'impact possible des défauts, vous pouvez déterminer quelles seraient les conséquences d'un échec. Voir la figure X3-9.

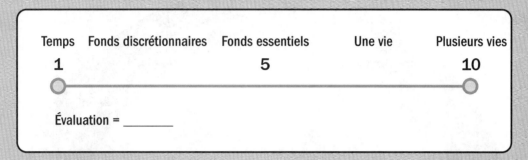

Figure X3-9. Évaluation de la criticité d'un produit ou d'un service.

X3.4.3.3 LIVRAISON INCRÉMENTALE

Le produit ou le service peut-il être élaboré et évalué en plusieurs parties ? Les représentants métier ou du client seront-ils disponibles pour donner un retour d'information rapide sur les incréments livrés ? Voir la figure X3-10.

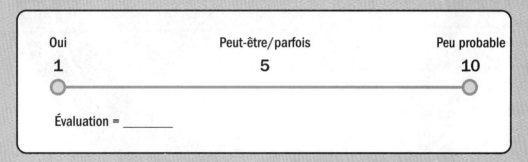

Figure X3-10. Évaluation de la livraison incrémentale.

X3.5 DIAGRAMME D'ÉVALUATION DE LA PERTINENCE

La figure X3-11 illustre le radar utilisé pour l'évaluation de la pertinence.

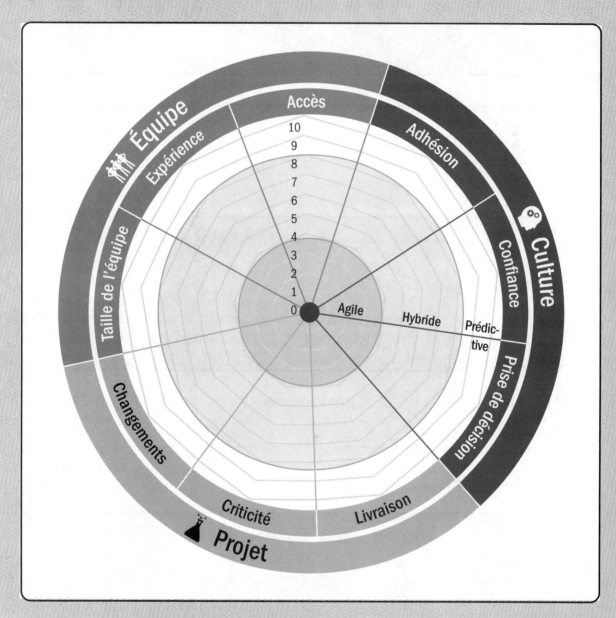

Figure X3-11. Radar de l'évaluation de la pertinence.

X3.5.1 ÉTUDES DE CAS

Deux exemples d'utilisation du modèle de notation des différents types de projets illustrent le fonctionnement du radar. Le premier concerne un projet de pharmacie en ligne (figure X3-12) et le second un système de messagerie militaire (figure X3-13). Ces deux études de cas présentent quelques écarts perçus dans les projets. Le regroupement au niveau du centre indique que les approches Agile conviennent bien, tandis que les notes périphériques penchent plutôt pour des approches prédictives. Certains projets sont centrés autour du milieu, mais présentent un pic au niveau d'un ou de deux axes. Dans ce cas, une approche hybride est mieux adaptée.

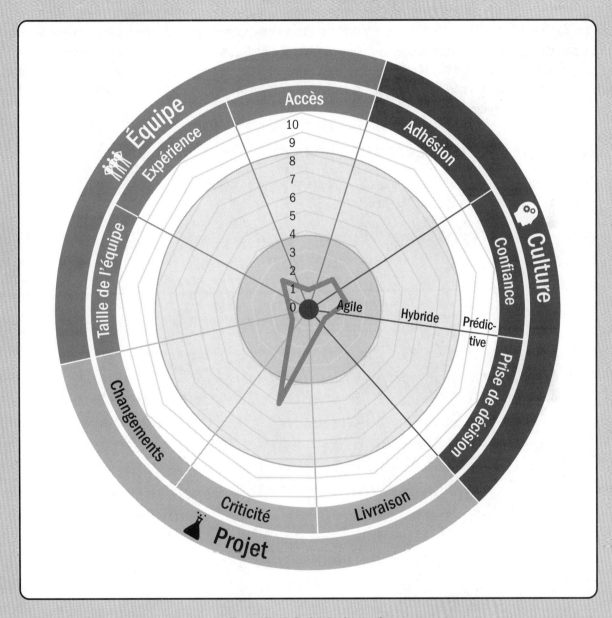

Figure X3-12. Projet de pharmacie.

X3.5.1.1 EXEMPLE DU PROJET DE PHARMACIE

Le projet consistait à développer une pharmacie en ligne afin de vendre des médicaments canadiens sur ordonnance moins chers à des clients américains. La vente de ces médicaments est un sujet controversé aussi bien au Canada qu'aux États-Unis. Ce secteur se caractérise d'ailleurs par des changements rapides des réglementations et une concurrence féroce. Le projet s'est heurté à des exigences imprévisibles avec de grands changements d'une semaine sur l'autre. Pour faire face aux taux élevés de changement, des itérations très courtes (2 jours) et des livraisons hebdomadaires étaient nécessaires.

Comme l'indique la figure X3-12, les niveaux élevés d'adhésion et de confiance sont évidents chez ceux qui ont travaillé de manière autonome. Le caractère visuel du site Internet permet de facilement présenter les nouveaux incréments de fonctionnalité. En revanche, la criticité du système était assez élevée avec des fonds essentiels en jeu pour la pharmacie. Comme indiqué précédemment, les taux de changement étaient très élevés. Néanmoins, la petite équipe expérimentée a bien géré et pouvait contacter facilement le représentant métier compétent. L'approche a été très efficace et extrêmement Agile.

X3.5.1.2 EXEMPLE DE SYSTÈME DE MESSAGERIE MILITAIRE

Contrairement au premier exemple, il s'agit là d'un grand projet de développement d'un système de messagerie militaire lancé 5 ans avant l'évaluation. Voir la figure X3-13.

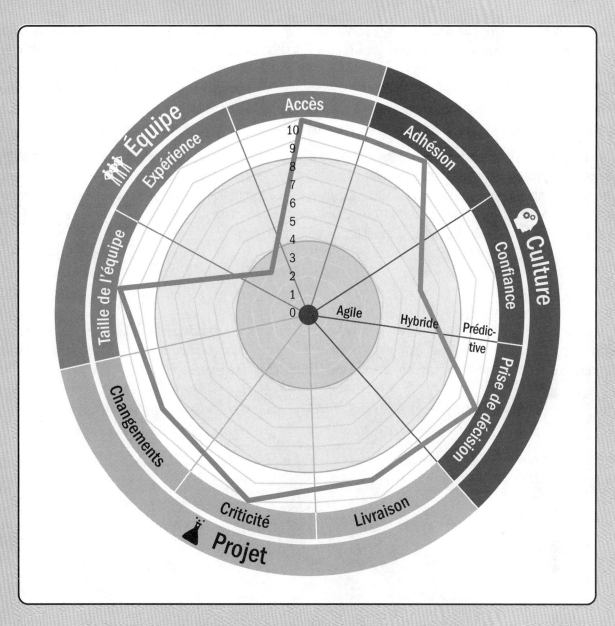

Figure X3-13. Exemple de messagerie militaire.

L'adhésion à une approche Agile était inexistante, car l'approche n'avait pas été prise en compte. La confiance dans les fournisseurs était contrastée, mais généralement maintenue. Les décisions n'étaient pas prises localement, mais relevaient des comités d'architecture et des exigences. Si les éléments de la conception pouvaient être testés de façon incrémentale dans un laboratoire, ils ne pouvaient pas être réunis pour une démonstration de fonctionnalité. De nombreuses vies étaient potentiellement en jeu. Par conséquent, la criticité était très élevée. Les exigences étaient verrouillées, car les changements ont eu des répercussions sur un grand nombre d'organisations sous-traitantes.

Le projet était de grande envergure, impliquant plus de 300 personnes d'un seul fournisseur. Chaque rôle comportait de nombreux professionnels expérimentés. Enfin, l'accès au métier/au client était impossible. Les analystes de contrats étaient néanmoins disponibles pour répondre aux questions sur les spécifications. En règle générale, ils répondaient ou demandaient des éclaircissements dans les 10 jours. Des parties du projet auraient pu être séparées et traitées comme des projets Agile, mais l'initiative se caractérisait par un seul grand projet.

X3.6 RÉSUMÉ

Les filtres de pertinence Agile sont des outils utiles pour identifier les concordances et les écarts potentiels des approches Agile. Ils ne doivent pas être utilisés comme des portes d'inclusion ou d'exclusion définitives, mais au contraire comme des sujets de discussion objective avec toutes les parties intéressées.

REFERENCES

[1] *Manifesto for Agile Software Development.* (2001). Extrait de http://agilemanifesto.org/

[2] Project Management Institute. 2013. *Managing Change in Organizations: A Practice Guide.* Newtown Square, PA: Auteur.

[3] Project Management Institute. 2017. *Guide du Corpus des connaissances en management de projet (Guide PMBOK®)* – Sixième édition. Newtown Square, PA: Auteur.

[4] Project Management Institute. 2013. *Software Extension to the PMBOK® Guide Fifth Edition.* Newtown Square, PA: Auteur.

BIBLIOGRAPHIE

Voici une suggestion de lectures supplémentaires subdivisées par section ou sujet.

SECTION 2 : INTRODUCTION À L'AGILITÉ

* Briggs, Sara. « Agile Based Learning: What Is It and How Can It Change Education? » *Opencolleges.edu.au*, 22 février 2014, extrait de http://www.opencolleges.edu.au/informed/features/agile-based-learning-what-is-it-and-how-can-it-change-education/

Manifesto for Agile Software Development, 2001, http://agilemanifesto.org/.

Peha, Steve. "Agile Schools: How Technology Saves Education (Just Not the Way We Thought it Would)." InfoQ. 28 juin 2011, extrait de https://www.infoq.com/articles/agile-schools-education.

Principles behind the Agile Manifesto, 2001, http://agilemanifesto.org/principles.html.

Rothman, Johanna. 2007. *Manage It! Your Guide to Modern, Pragmatic Project Management.* Raleigh: Pragmatic Bookshelf.

Sidky, Ahmed (Keynote). 2015. https://www.slideshare.net/AgileNZ/ahmed-sidky-keynote-agilenz.

Stacey Complexity Model. 2016. http://www.scrum-tips.com/2016/02/17/stacey-complexity-model/.

SECTION 3 : SÉLECTION DU CYCLE DE VIE

« Agile Modeling (AM) Home Page: Effective Practices for Modeling and Documentation » *Agile Modeling* (date inconnue), http://www.agilemodeling.com/

Anderson, David, and Andy Carmichael. 2016. *Essential Kanban Condensed.* Seattle: Blue Hole Press.

Anderson, David. 2010. *Kanban: Successful Evolutionary Change for Your Technology Business.* Seattle: Blue Hole Press.

Benson, Jim, and Tonianne DeMaria Barry. 2011. *Personal Kanban: Mapping Work | Navigating Life.* Seattle: Modus Cooperandi Press.

Burrows, Mike. 2014. *Kanban from the Inside: Understand the Kanban Method, connect it to what you already know, introduce it with impact.* Seattle: Blue Hole Press.

Domain Driven Design Community. 2016. http://dddcommunity.org/.

Gothelf, Jeff, and Josh Seiden. 2016. *Lean UX: Designing Great Products with Agile Teams.* Sebastopol: O'Reilly Media.

Hammarberg, Marcus, and Joakim Sunden. 2014. *Kanban in Action.* Shelter Island: Manning Publications.

« Kanban », *Wikipédia*, dernière modification le 4 mai 2017, extrait de https://fr.wikipedia.org/wiki/Kanban_(développement) consulté le 22 novembre 2016.

« Kanban *(développement)* », Wikipédia, dernière modification le 4 mai 2017, extrait de https://fr.wikipedia.org/wiki/Kanban_(développement) consulté le 29 novembre 2016.

Larsen, Diana, and Ainsley Nies. 2016. *Liftoff: Start and Sustain Successful Agile Teams.* Raleigh: Pragmatic Bookshelf.

« Learning Kanban », *Leankit* (date inconnue), https://leankit.com/learn/learning-kanban/.

Leopold, Klaus et Siegrfried Kaltenecker, 2015. *Kanban Change Leadership: Creating a Culture of Continuous Improvement.* Hoboken: Wiley.

"Make a big impact with software products and projects!" *Impact Mapping* (date iconnue), https://www.impactmapping.org/.

Patton, Jeff, and Peter Economy. 2014. *User Story Mapping: Discover the Whole Story, Build the Right Product.* Sebastopol: O'Reilly Media.

Reinertsen, Donald. 2009. *The Principles of Product Development Flow: Second Generation Lean Product Development.* Redondo Beach: Celeritas Publishing.

Rothman, Johanna. « Dispersed vs. Distributed Teams », *Rothman Consulting Group*, Inc., 25 octobre 2010, http://www.jrothman.com/mpd/2010/10/dispersed-vs-distributed-teams/.

Schwaber, Ken, and Jeff Sutherland. "The Scrum Guide™," *Scrum.org*, Juillet 2016, http://www.scrumguides.org/scrum-guide.html and http://www.scrumguides.org/docs/scrumguide/v2016/2016-Scrum-Guide-US.pdf#zoom=100.

Skarin, Mattias. 2015. *Real-World Kanban: Do Less, Accomplish More with Lean Thinking.* Raleigh: Pragmatic Bookshelf.

« The High Cost of Multitasking: 40% of Productivity Lost by Task Switching », *Wrike.com*, 24 septembre 2015, https://www.wrike.com/blog/high-cost-of-multitasking-for-productivity/.

Wells, Don. « Extreme Programming: A Gentle Introduction », *Extreme Programming*, 8 octobre 2013, http://www.extremeprogramming.org/.

SECTION 4 : MISE EN ŒUVRE D'AGILE :

Amabile, Teresa, and Steven Kramer. 2011. *The Progress Principle: Using Small Wins to Ignite Joy, Engagement, and Creativity at Work.* Boston: Harvard Business Review Press.

"Early Warning Signs of Project Trouble—Cheat Sheet, 2017, https://agilevideos.com/wp-content/uploads/2017/02/WarningSignsOfProjectTrouble-CheatSheet.pdf.

Dweck, Carol. 2006. *Mindset: The New Psychology of Success.* New York: Penguin Random House.

Kaner, Sam. *Facilitator's Guide to Participatory Decision-Making.* 3ᵉ édition, 2014, San Francisco: Jossey-Bass.

Keith, Kent. *The Case for Servant Leadership.* 2008. Westfield: Greenleaf Center for Servant Leadership.

Rothman, Johanna. 2016. *Agile and Lean Program Management: Scaling Collaboration Across the Organization.* Victoria, British Columbia: Practical Ink.

Rothman, Johanna. « Dispersed vs. Distributed Teams », *Rothman Consulting Group*, Inc., 25 octobre 2010, http://www.jrothman.com/mpd/2010/10/dispersed-vs-distributed-teams/.

Rothman, Johanna. 2007. *Manage It! Your Guide to Modern, Pragmatic Project Management.* Raleigh: Pragmatic Bookshelf.

Rothman, Johanna. 2016. *Manage Your Project Portfolio: Increase Your Capacity and Finish More Projects.* Raleigh: Pragmatic Bookshelf.

Schwaber, Ken, and Jeff Sutherland. « The Scrum Guide™ », *Scrum.org*, juillet 2016, http://www.scrumguides.org/scrum-guide.html et http://www.scrumguides.org/docs/scrumguide/v2016/2016-Scrum-Guide-US.pdf#zoom=100.

Sinek, Simon, 2011. *Start with Why: How Great Leaders Inspire Everyone to Take Action.* New York: Portfolio, Penguin Random House.

"The High Cost of Multitasking: 40% of Productivity Lost by Task Switching », *Wrike.com*, 24 septembre 2015, https://www.wrike.com/blog/high-cost-of-multitasking-for-productivity/.

RAPPORT D'EXPÉRIENCE :

« Experience Reports », *Agile Alliance* (date inconnue), https://www.agilealliance.org/resources/experience-reports/.

STATUT DU PROJET E D'ÉQUIPE :

"Early Warning Signs of Project Trouble—Cheat Sheet." 2017. https://agilevideos.com/wp-content/uploads/2017/02/WarningSignsOfProjectTrouble-CheatSheet.pdf

"TeamHealth Radar – Summary View," *Agilehealth.* 2014. http://agilityhealthradar.com/wp-content/uploads/2014/11/bigradar.gif.

EFFICACITÉ DES RESSOURCES :

Modig, Niklas, and Pär Åhlström. 2015. *This is Lean: Resolving the Efficiency Paradox.* London: Rheologica Publishing.

Rothman, Johanna. « Resource Efficiency vs. Flow Efficiency, Part 5: How Flow Changes Everything », *Rothman Consulting Group, Inc.*, 20 septembre 2015, http://www.jrothman.com/mpd/agile/2015/09/resource-efficiency-vs-flow-efficiency-part-5-how-flow-changes-everything/.

AJUSTEMENT D'ÉCHELLE :

Disciplined Agile 2.X—A Process Decision Framework. 2016. http://www.disciplinedagiledelivery.com/.

Kniberg, Henrik. « Scaling Agile @ Spotify with Tribes, Squads, Chapters & Guilds », *Crisp*, 14 novembre 2012, http://blog.crisp.se/2012/11/14/henrikkniberg/scaling-agile-at-spotify.

"Overview—Large Scale Scrum," *LeSS.* 2016. http://less.works/.

"SAFe® for Lean Software and System Engineering," *SAFe®.* 2016. http://www.scaledagileframework.com/.

COMPÉTENCES :

Beck, Kent. *« Paint Drip People »*, 4 août 2016, https://www.facebook.com/notes/kent-beck/paint-drip-people/1226700000696195/.

« Generalizing Specialists: Improving Your IT Career Skills », *Agile Modeling* (date inconnue), http://www.agilemodeling.com/essays/generalizingSpecialists.htm.

Hunter, Brittany. « Of Software Designers & Broken Combs », *Atomic Object*, 27 juin 2013, https://spin.atomicobject.com/2013/06/27/broken-comb-people/.

SECTION 5 : MISE EN ŒUVRE D'AGILE : LIVRER DANS UN ENVIRONNEMENT AGILE

Larsen, Diana, and Ainsley Nies. 2016. *Liftoff: Start and Sustain Successful Agile Teams.* Raleigh: Pragmatic Bookshelf.

RÉTROSPECTIVES :

Derby, Esther, and Diana Larsen. 2006. *Agile Retrospectives: Making Good Teams Great.* Raleigh: Pragmatic Bookshelf.

Gonçalves, Luis, and Ben Linders. 2015. *Getting Value out of Agile Retrospectives: A Toolbox of Retrospective Exercises.* Victoria, British Columbia: Leanpub.

BACKLOG :

Adzic, Gojko, Marjory Bissett, and Tom Poppendieck. 2012. *Impact Mapping: Making a Big Impact with Software Products and Projects.* Woking, Surrey: Provoking Thoughts.

Patton, Jeff, and Peter Economy. 2014. *User Story Mapping: Discover the Whole Story, Build the Right Product.* Sebastopol: O'Reilly Media.

Rothman, Johanna. "We Need Planning; Do We Need Estimation?" *Rothman Consulting Group, Inc.*, 21 janvier 2015, http://www.jrothman.com/mpd/project-management/2015/01/we-need-planning-do-we-need-estimation/.

STANDUPS :

Brodzinski, Pawel. « Effective Standups around Kanban Board », *Brodzinski.com*, 30 décembre 2011, http://brodzinski.com/2011/12/effective-standups.html.

Fowler, Martin. « It's Not Just Standing Up: Patterns for Daily Standup Meetings », *Martinfowler.com*, 21 février 2016, http://martinfowler.com/articles/itsNotJustStandingUp.html.

Hefley, Chris. « How to Run Effective Standups and Retrospectives », *Leankit*, 15 septembre 2014, https://leankit.com/blog/2014/09/run-effective-standups-retrospectives/.

VALEUR ACQUISE :

Griffiths, Mike. « A Better S Curve and Simplified EVM », *Leading Answers*, 6 juin 2008, http://leadinganswers.typepad.com/leading_answers/2008/06/a-better-s-curve-and-simplified-evm.html.

SECTION 6 : ASPECTS ORGANISATIONNELS DES PROJETS AGILE

Bankston, Arlen, and Sanjiv Augustine. *Agile Team Performance Management: « Realizing the Human Potential of Teams* », 14 juin 2010, www.lithespeed.com/transfer/Agile-Performance-Management.pptx.

Browder, Justin, and Brian Schoeff. *Perfect Strangers: How Project Managers and Developers Relate and Succeed.* CreateSpace Independent Publishing Platform, 2016, https://www.createspace.com/.

Griffiths, Mike. « Agile Talent Management », *Leading Answers*, 14 octobre 2015, http://leadinganswers.typepad.com/leading_answers/2015/10/agile-talent-management.html.

Kohn, Alfie. 1999. *Punished by Rewards: The Trouble with Gold Stars, Incentive Plans, A's, Praise, and Other Bribes.* New York: Mariner Books.

Mar, Kane. « How to do Agile Performance Reviews », *Scrumology* (date inconnue), https://scrumology.com/how-to-do-agile-performance-reviews/.

McChrystal, Stanley, Tantum Collins, David Silverman, and Chris Fussell. 2015. *Team of Teams: New Rules of Engagement for a Complex World.* New York: Portfolio, Penguin Random House.

Pink, Daniel. 2011. *Drive: The Surprising Truth About What Motivates Us.* New York: Riverhead Books.

SECTION 7 : APPEL À L'ACTION

Dennis, Pascal. 2006. *Getting the Right Things Done: A Leader's Guide to Planning and Execution.* Cambridge: Lean Enterprise Institute.

Griffiths, Mike. "Introducing Agile Methods: Mistakes to Avoid—Part 3 », *Leading Answers*, 15 mars 2007, http://leadinganswers.typepad.com/leading_answers/2007/03/introducing_agi_2.html.

Little, Jason. *Lean Change Management: Innovative Practices for Managing Organizational Change.* Happy Melly Express, 2014, http://www.happymelly.com/category/hm-express/.

Rising, Linda, and Mary Lynne Manns. 2004. *Fearless Change: Patterns for Introducing New Ideas.* Upper Saddle River: Addison-Wesley Professional.

"The IDEAL Model," *Software Engineering Institute, Carnegie Mellon*, 2006, http://www.sei.cmu.edu/library/assets/idealmodel.pdf.

ANNEXE A1 : CORRESPONDANCE DANS LE *GUIDE PMBOK®*

Larsen, Diana and Ainsley Nies. 2016. *Liftoff: Start and Sustain Successful Agile Teams.* Raleigh: Pragmatic Bookshelf.

ANNEXE A2 : CORRESPONDANCE AVEC LE MANIFESTE AGILE

Manifesto for Agile Software Development, 2001, http://agilemanifesto.org/.

Principles behind the Agile Manifesto, 2001, http://agilemanifesto.org/principles.html.

ANNEXE A3 : PRÉSENTATION DES CADRES DE TRAVAIL AGILE ET LEAN

Agile Business Consortium, 2014, https://www.agilebusiness.org/what-is-dsdm.

Ambler, Scott. « The Agile Unified Process », *Ambysoft*, 13 mai 2006, http://www.ambysoft.com/unifiedprocess/agileUP.html.

Anderson, David. 2010. *Kanban: Successful Evolutionary Change for Your Technology Business.* Seattle: Blue Hole Press.

Beedle, Mike. *Enterprise Scrum: Executive Summary: « Business Agility for the 21st Century »*, 7 janvier 2017, http://www.enterprisescrum.com/enterprise-scrum/.

Cockburn, Alistair. 2004. *Crystal Clear: A Human-Powered Methodology for Small Teams.* Upper Saddle River: Pearson Education.

Cockburn, Alistair. « Crystal Methodologies », *alistair.cockburn.us*, 28 mars 2014, http://alistair.cockburn.us/Crystal+methodologies.

Disciplined Agile 2.X—A Process Decision Framework, 2016, http://www.disciplinedagiledelivery.com/.

Joint MIT-PMI-INCOSE Community of Practice on Lean in Program Management. 2012. *The Guide to Lean Enablers for Managing Engineering Programs.* Newtown Square, PA: Auteur.

« Kanban », *Wikipédia*, dernière modification le 4 mai 2017, extrait de https://fr.wikipedia.org/wiki/Kanban_(développement) consulté le 22 novembre 2016.

« Kanban *(développement)* », *Wikipédia*, dernière modification le 4 mai 2017, extrait de https://fr.wikipedia.org/wiki/Kanban_(développement) consulté le 29 novembre 2016.

Reddy, Ajay, and Jack Speranza. 2015. *The Scrumban [R]Evolution: Getting the Most Out of Agile, Scrum, and Lean Kanban.* Boston: Addison-Wesley Professional.

"Overview—Large Scale Scrum," *LeSS*, 2016, http://less.works/.

"SAFe® for Lean Software and System Engineering," *SAFe®*, 2016, http://www.scaledagileframework.com/.

Schwaber, Ken, and Jeff Sutherland. « The Scrum Guide™ », *Scrum.org*, juillet 2016, http://www.scrumguides.org/scrum-guide.html et http://www.scrumguides.org/docs/scrumguide/v2016/2016-Scrum-Guide-US.pdf#zoom=100.

« Scrum of Scrums », *Agile Alliance* (date inconnue), https://www.agilealliance.org/glossary/scrum-of-scrums/.

« Scrumban », Wikipédia, 2 mars 2017, https://en.wikipedia.org/wiki/Scrumban.

"State of Agile Report: Agile Trends," *VersionOne*, 2017, http://stateofagile.versionone.com/.

Sutherland Jeff. "Agile Can Scale: Inventing and Reinventing SCRUM in Five Companies." *Cutter IT Journal* 14, no. 12 (2001): 5–11. http://www.controlchaos.com/storage/scrum-articles/Sutherland_200111_proof.pdf.

"The 2015 State of Agile Development," *Scrum Alliance®*, 2015, https://www.forrester.com/report/The+2015+State+Of+Agile+Development/-/E-RES122910

Wells, Don. "Extreme Programming: A Gentle Introduction », *Extreme Programming*, 8 octobre 2013, http://www.extremeprogramming.org/.

« Why Scrum? State of Scrum Report, 2016, https://www.scrumalliance.org/why-scrum/state-of-scrum-report/2016-state-of-scrum.

APPENDICE X2 : ATTRIBUTS QUI INFLUENCENT L'ADAPTATION

Griffiths, Mike. "Agile Suitability Filters," *Leading Answers*, 2007, http://leadinganswers.typepad.com/leading_answers/files/agile_suitability_filters.pdf.

Jeffries, Ron. « We Tried Baseball and It Didn't Work », *ronjeffries.com*, 2 mai 2006, http://ronjeffries.com/xprog/articles/jatbaseball/.

Rothman, Johanna. "One Experimental Possibility: Self-Organization from Component Teams to Feature Teams », *Rothman Consulting Group, Inc.*, 23 septembre 2014, http://www.jrothman.com/mpd/agile/2014/09/one-experimental-possibility-self-organization-from-component-teams-to-feature-teams/.

GLOSSAIRE

1. ACRONYMES

Français		Anglais	
Acronyme	**Description**	**Description**	**Acronyme**
ATDD	développement orienté par les tests d'acceptation	acceptance test-driven development	ATDD
BDD	développement orienté par le comportement	behavior-driven development	BDD
BRD	documents des exigences de l'organisation	business requirement documents	BRD
DA	Agile structuré	Disciplined Agile	DA
DoD	définition d'accompli	definition of done	DoD
DoR	définition de prêt	definition of ready	DoR
DSDM	Dynamics Systems Development Model (Méthode Dynamique de Développement de Systèmes)	Dynamics Systems Development Model	DSDM
Evo	création évolutive de valeur	evolutionary value delivery	Evo
LeSS	Large-Scale Scrum (Scrum à grande échelle)	Large-Scale Scrum	LeSS
LSD	développement lean de logiciel	Lean Software Development	LSD
PDCA	Planifier-Dérouler-Contrôler-Agir	Plan–Do–Check–Act	PDCA
PMO	Bureau des Projets (Project Management Office, PMO)	project management office	PMO
ROI	retour sur investissement	return on investment	ROI
RUP	Processus Unifié de Rational	Rational Unified Process	RUP
SAFe®	Scaled Agile Framework®	Scaled Agile Framework®	SAFe®
SBE	spécification par l'exemple	specification by example	SBE
XP	eXtreme Programming	eXtreme Programming	XP

2. DÉFINITIONS

A3 / A3. Mode de pensée et approche de résolution systématique des problèmes permettant de collecter les informations pertinentes sur un simple document A3.

Adapté au besoin (fit for purpose) / Fit for Purpose. Produit adapté aux objectifs prévus.

Affinage du Backlog (Affinage du carnet) / Backlog Refinement. Élaboration progressive des exigences du projet ou de l'activité en cours durant laquelle l'équipe étudie, actualise et rédige les exigences pour répondre au besoin du client.

Agile / Agile. Terme utilisé pour décrire un état d'esprit reposant sur les valeurs et principes énoncés dans le Manifeste Agile.

Agile structuré (DA) / Disciplined Agile (DA). Cadre permettant de prendre des décisions de processus simplifiées concernant la livraison de solutions itératives et incrémentielles.

Agiliste / Agilist. Voir *Professionnel Agile.*

Analyse automatique de la qualité du code / Automated Code Quality Analysis. Test scripté de la base du code destiné à vérifier la présence de défauts et de vulnérabilités.

Appariement / Pairing. Voir *Travail en binôme.*

Apprentissage en boucle simple / Single-Loop Learning. Pratique consistant à tenter de résoudre des problèmes en utilisant uniquement certaines méthodes prédéfinies sans remettre en question les méthodes à la lumière de l'expérience acquise.

Apprentissage en double-boucle / Double-Loop Learning. Processus de remise en question des valeurs et hypothèses fondamentales en vue de déterminer plus précisément les causes profondes et de mettre au point de meilleures contre-mesures plutôt que de se concentrer uniquement sur les symptômes.

Approche hybride / Hybrid Approach. Association d'au moins deux éléments Agiles et non Agiles qui aboutissent à un résultat non Agile.

Approche orientée par les plans / Plan-Driven Approach. Voir *Approche prédictive.*

Approche prédictive / Predictive Approach. Approche de la gestion du travail qui utilise un plan de travail et sa gestion associée tout au long du cycle de vie d'un projet.

Appropriation collective du code / Collective Code Ownership. Technique de collaboration et d'accélération des projets selon laquelle un membre d'équipe est autorisé à modifier un quelconque livrable ou produit d'un travail du projet, en mettant l'accent sur la responsabilité à l'échelle de l'équipe.

Apte à l'emploi (fit for use) / Fit for Use. Produit utilisable sous sa forme actuelle pour remplir sa fonction prévue.

Backlog (Carnet) / Backlog. Voir *Backlog de produit.*

Backlog de produit (Carnet de produit) / Product Backlog. Liste ordonnée d'exigences client pour un produit, maintenue par une équipe.

Backlog du Sprint / Sprint Backlog. Dans Scrum, liste des éléments de travail - appelé aussi carnet d'itérations - identifiés par l'équipe à compléter lors du Sprint.

Biais de l'organisation / Organizational Bias. Tendances d'une organisation sur un ensemble d'échelles caractérisé par les valeurs suivantes : l'exploration par rapport à l'exécution, la vitesse par rapport à la stabilité, la quantité par rapport à la qualité et la flexibilité par rapport à la prévisibilité.

Bloc de temps / Timebox. Intervalle de temps de durée déterminée. Par exemple, 1 semaine, 1 quinzaine, 3 semaines ou 1 mois. Voir aussi *Itération*.

Broken Comb / Broken Comb. Référence à une personne ayant différents niveaux de spécialisation dans diverses compétences requises par l'équipe. Également appelée « Paint Drip ». Voir aussi *Profil en T* et *Profil en I*.

Bureau des Projets (Project Management Office, PMO) / Project Management Office (PMO). Structure de management qui normalise les processus de gouvernance liés à des projets et facilite le partage des ressources, des méthodologies, des outils et des techniques.

Burndown Chart (Graphe d'avancement) / Burndown Chart. Représentation graphique de la quantité de travail restante par rapport au temps sur une période donnée.

Burnup Chart (Graphe d'achèvement) / Burnup Chart. Représentation graphique du travail réalisé en vue de la release d'un produit.

Cadence / Cadence. Rythme d'exécution. Voir aussi *Bloc de temps*.

Cadre de travail / Framework. Système ou structure d'idées ou de faits qui étayent une approche.

Cartographie d'impact / Impact Mapping. Technique de planification stratégique servant de feuille de route à l'organisation lors de la fabrication de nouveaux produits.

Cartographie des flux de valeur / Value Stream Mapping. Technique d'organisation Lean utilisée pour documenter, analyser et améliorer le flux d'informations ou les matériaux nécessaires pour produire un produit ou un service pour un client.

Cartographie des User Stories (Cartographie des récits) / User Story Mapping. Pratique visuelle consistant à organiser le travail en un modèle utile afin d'aider à comprendre les fonctionnalités à forte valeur qu'il convient de créer au fil du temps, d'identifier les omissions dans le Backlog et de planifier efficacement les releases qui apportent de la valeur aux utilisateurs.

Coach Agile / Agile Coach. Personne dotée de connaissances et d'expérience en matière d'agilité, qui est capable de former, d'encadrer et de guider des organisations et des équipes dans leur transformation.

Coalition / Mobbing. Technique selon laquelle plusieurs membres de l'équipe se concentrent et coordonnent leurs contributions simultanément sur un élément de travail particulier.

Combinaison Agile / Blended Agile. Utilisation d'au moins deux cadres de travail, méthodes, éléments ou pratiques Agile. Par exemple, l'association des méthodes Scrum, XP (eXtreme Programming) et Kanban.

Création évolutive de valeur (Evo) / Evolutionary Value Delivery (EVO). Considérée comme étant la première méthode Agile qui comporte une composante à nulle autre pareille : mettre l'accent sur la satisfaction de plusieurs exigences mesurables des parties prenantes.

Cycle de vie / Life Cycle. Processus par lequel un produit est imaginé, créé et mis en service.

Cycle de vie Agile / Agile Life Cycle. Approche itérative et incrémentale visant à affiner les éléments de travail et à effectuer des livraisons fréquentes.

Cycle de vie incrémental / Incremental Life Cycle. Approche permettant de fournir des livrables finis utilisables immédiatement par le client.

Cycle de vie itératif / Iterative Life Cycle. Approche permettant de fournir un retour d'information sur un travail inachevé en vue de l'améliorer et de le modifier.

Daily Scrum (Meeting quotidien) / Daily Scrum. Brève réunion de collaboration quotidienne durant laquelle l'équipe revient sur les progrès réalisés la veille, énonce les intentions du jour et met en lumière les obstacles rencontrés ou anticipés. Également appelée Daily Standup.

Définition d' « accompli » (DoD) / Definition of Done (DoD). Checklist contenant tous les critères à satisfaire pour qu'un livrable soit considéré par l'équipe comme étant prêt à être utilisé par le client.

Définition de « prêt » (DoR) / Definition of Ready (DoR). Checklist dédiée à une exigence de l'utilisateur qui contient toutes les informations nécessaires pour que l'équipe puisse y travailler.

Dette technique / Technical Debt. Coût différé du travail non réalisé précédemment dans le cycle de vie du produit.

Développement orienté par le comportement (BDD) / Behavior-Driven Development (BDD). Conception et validation de systèmes s'appuyant sur les principes du test-first et les scripts de type anglais.

Développement orienté par les fonctionnalités / Feature-Driven Development. Méthode Agile de développement logiciel orientée par les fonctionnalités importantes pour les clients.

Développement orienté par les tests / Test-Driven Development. Technique consistant à rédiger les tests avant de commencer le travail de manière à valider continuellement le travail en cours et à permettre de travailler avec un objectif de zéro défaut.

Développement orienté par les tests d'acceptation (ATDD) / Acceptance Test-Driven Development (ATDD). Méthode permettant d'établir de façon collaborative des critères servant à créer des tests d'acceptation avant la livraison.

DevOps / DevOps. Ensemble de pratiques visant à créer un flux régulier de livraison en améliorant la collaboration entre les personnels de développement et des opérations.

Documents des requêtes business (BRD) / Business Requirement Documents (BRD). Liste de toutes les exigences d'un projet particulier.

Dynamic Systems Development Model (DSDM) / Dynamic Systems Development Model (DSDM). Méthode Dynamique de Développement de Systèmes, Cadre de livraison de projet Agile.

Élaboration progressive / Progressive Elaboration. Processus itératif qui consiste à accroître le niveau de détail dans un plan de management de projet au fur et à mesure que de plus amples informations et des estimations plus précises deviennent disponibles.

Équipe auto-organisée / Self-Organizing Team. Équipe pluridisciplinaire au sein de laquelle les membres assument librement le leadership, si nécessaire, afin d'atteindre les objectifs de l'équipe.

Équipe pluridisciplinaire / Cross-Functional Team. Équipe composée de praticiens dotés de toutes les compétences nécessaires pour livrer les incréments de produit utiles.

Équipe Scrum / Scrum Team. Association de l'équipe du développement, du *Scrum Master* et du responsable du produit.

État d'esprit Agile / Agile Mindset. Mode de pensée et d'action sous-tendu par les quatre valeurs et les douze principes du Manifeste Agile.

Événements Kaizen / Kaizen Events. Événement visant à améliorer le système.

Exigence fonctionnelle / Functional Requirement. Comportement spécifique d'un produit ou un service.

eXtreme Programming / eXtreme Programming. Méthode Agile de développement logiciel permettant d'obtenir des logiciels de meilleure qualité, une plus grande réactivité aux changements des exigences des clients et des releases plus fréquentes au cours de cycles plus courts.

Famille de méthodes Crystal / Crystal Family of Methods. Ensemble de méthodologies Agiles de développement logiciel axées sur l'adaptabilité à une circonstance particulière.

Flow Master / Flowmaster. Coach d'une équipe et du responsable des requêtes de service travaillant dans un flux continu ou dans un contexte Kanban. Équivalent de *Scrum Master*.

Flux de valeur / Value Stream. Ensemble d'activités nécessaires à la livraison de produits ou de services offrant de la valeur aux clients.

Gestion des changements organisationnels / Organizational Change Management. Processus global, cyclique et structuré de transition des personnes, des groupes et des organisations depuis l'état actuel jusqu'à un état futur avec des bénéfices business escomptés.

Hoshin Kanri / Hoshin Kanri. Méthode de déploiement de stratégies ou de politiques.

IDEAL / IDEAL. Modèle d'amélioration de l'organisation nommé d'après les cinq phases qu'il décrit : le démarrage (Initiating), le diagnostic (Diagnosing), la planification (Establishing), la mise en œuvre (Acting), et l'apprentissage (Learning).

Incrément / Increment. Livrable fonctionnel, testé et accepté représentant un sous-ensemble du résultat global du projet.

Intégration continue / Continuous Integration. Pratique selon laquelle les produits du travail de tous les membres de l'équipe sont fréquemment intégrés et validés entre eux.

Itération / Iteration. Cycle de développement d'un produit ou d'un livrable divisé en blocs de temps au cours duquel l'intégralité du travail nécessaire pour créer de la valeur est exécuté.

Large-Scale Scrum (LeSS) / Large-Scale Scrum (LeSS). Le Scrum à grande échelle est un cadre de développement de produit qui étend le Scrum à l'aide d'indications sur la mise à l'échelle tout en préservant les finalités originelles de Scrum.

Lean Software Development (LSD) / Lean Software Development (LSD). Le développement Lean de logiciel est une adaptation des principes et pratiques de fabrication Lean au domaine du développement logiciel. Il se fonde sur un ensemble de principes et de pratiques visant à atteindre la qualité, la vitesse et la satisfaction du client.

Livraison continue / Continuous Delivery. Pratique consistant à livrer immédiatement les incréments de fonctionnalités aux clients, en général par le recours à de petits lots de travaux et à l'automatisation.

Manifeste Agile / Agile Manifesto. Définition originale et officielle des valeurs et des principes Agiles.

Méthode Kanban / Kanban Method. Méthode Agile inspirée du système de contrôle des stocks Kanban originel et utilisée en particulier pour les travaux intellectuels.

Obstacle / Impediment. Entrave qui empêche l'équipe d'atteindre ses objectifs. Également appelé bloqueur.

Organisation en silo / Siloed Organization. Organisation structurée de façon à ne contribuer qu'à un sous-ensemble des aspects nécessaires pour offrir de la valeur aux clients. Pour comparer, voir *Flux de Valeur*.

Paint Drip / Paint Drip. Voir *Broken Comb*.

Persona / Personas. Archétype d'utilisateur représentant un groupe d'utilisateurs finaux dont les buts, les motivations et les caractéristiques personnelles sont similaires.

Pivot / Pivot. Changement de cap planifié visant à tester une nouvelle hypothèse sur un produit ou une stratégie.

Planification du Sprint / Sprint Planning. Dans Scrum, événement collaboratif au cours duquel l'équipe prévoit le travail pour le Sprint actuel. Appelé aussi planification de l'itération.

Planification par vagues / Rolling Wave Planning. Technique de planification itérative selon laquelle les travaux à réaliser à court terme sont planifiés en détail, tandis que les travaux à plus long terme sont planifiés à un plus haut niveau.

Planifier-Dérouler-Contrôler-Agir (PDCA) / Plan–Do–Check–Act (PDCA). Méthode de gestion itérative utilisée au sein des organisations dans le but de faciliter le contrôle et l'amélioration continue des processus et des produits.

Point de blocage / Blocker. Voir *Obstacle*.

Principes Agile / Agile Principles. Il s'agit des 12 principes de déroulement du projet Agile incarnés dans le Manifeste Agile.

Processus unifié Agile / Agile Unified Process. Approche simplifiée et facile à comprendre du développement de logiciels d'application utilisant des techniques et des concepts Agiles. Il s'agit d'une version simplifiée du Processus Unifié de Rational (RUP).

Product Owner (Représentant métier) / Product Owner. Personne chargée d'optimiser la valeur du produit et responsable en dernier ressort du produit fini. Voir aussi *Responsable des requêtes de service*.

Professionnel Agile / Agile Practitioner. Personne adoptant l'état d'esprit Agile qui collabore avec des collègues du même esprit au sein d'équipes pluridisciplinaires. Également appelée Agiliste.

Profil en I (I-shaped) / I-shaped. Référence à une personne spécialisée dans un seul domaine et n'ayant ni intérêt ni aptitude pour le reste des compétences requises par l'équipe. Voir aussi *Profil en T* et *Broken comb*.

Profil en T / T-shaped. Référence à une personne très qualifiée dans son domaine de spécialisation et polyvalente pour le reste des compétences requises par l'équipe. Voir aussi *Profil en I* et *Broken Comb*.

Programmation en binôme / Pair Programming. Travail en binôme centré sur la programmation.

Radiateur d'information / Information Radiator. Affichage physique et visible d'informations à l'attention de l'organisation permettant de partager les connaissances les plus récentes sans avoir à déranger l'équipe.

Remaniement / Refactoring. Technique de qualité du produit selon laquelle la conception d'un produit peut être améliorée en augmentant la maintenabilité et les autres attributs souhaités sans modifier son comportement attendu.

Responsable des requêtes de service / Service Request Manager. Personne chargée de mettre dans l'ordre les requêtes de service en vue d'optimiser la valeur dans un flux continu ou un environnement Kanban. Équivalent de Product Owner.

Rétrospective / Retrospective. Atelier récurrent au cours duquel les participants explorent leurs travaux et les résultats en vue d'améliorer le processus et le produit.

Scaled Agile Framework (SAFe®) / Scaled Agile Framework (SAFe®). Base de connaissances comportant des modèles intégrés pour le développement Lean-Agile à l'échelle de l'organisation.

Scrum / Scrum. Cadre agile pour développer et pérenniser des produits complexes impliquant des rôles, des événements et des éléments spécifiques.

Scrum Master / Scrum Master. Coach de l'équipe de développement et responsable de la mise en œuvre du processus dans le cadre Scrum. Son rôle consiste à supprimer les obstacles, à favoriser les événements productifs et à protéger l'équipe des interruptions. Voir aussi *Flow Master*.

Scrum of Scrums / Scrum of Scrums. Technique permettant d'utiliser Scrum à l'échelle des équipes qui travaillent sur le même produit, coordonnent les discussions sur les progrès concernant leurs interdépendances et se concentrent sur la façon d'intégrer la livraison d'un logiciel, notamment dans les domaines qui se chevauchent.

Scrumban / Scrumban. Cadre organisationnel qui émerge lorsque les équipes utilisent Scrum pour piloter et la méthode Kanban pour observer, comprendre et améliorer constamment leur travail.

Servant Leadership / Servant Leadership. Concept basé sur le principe qu'un leader (le leader-serviteur) doit être au service de son équipe. Pour cela, il doit comprendre et répondre aux besoins et au développement des membres de l'équipe afin d'obtenir les meilleures performances possibles.

Smoke Testing (Test de fumee) / Smoke Testing. Utilisation d'un ensemble de tests visant à garantir que les fonctions les plus importantes du système en cours de développement fonctionnent comme prévu.

Spécification fonctionnelle / Functional Specification. Fonction spécifique qu'un système ou une application doit remplir. Elle figure généralement dans un document de spécifications fonctionnelles.

Spécification par l'exemple (SBE) / Specification by Example (SBE). Approche collaborative de la définition des exigences et des tests fonctionnels orientés business des logiciels reposant sur l'identification et l'illustration des exigences grâce à des exemples réalistes plutôt que des énoncés abstraits.

Spike (Exploration) / Spike. Court intervalle de temps dans un projet, de durée généralement prédéterminée, durant lequel une équipe mène des recherches ou modélise un aspect d'une solution afin d'en prouver la viabilité.

Sprint / Sprint. Dans Scrum, décrit une itération développée dans un bloc de temps.

Story Point (Point d'effort) / Story Point. Mesure sans unité utilisée lors des techniques d'estimation relative des user stories.

Swarming (Essaimage) / Swarming. Technique dans laquelle plusieurs membres d'équipe se concentrent collectivement sur la levée d'un obstacle particulier.

Tableau kanban / Kanban Board. Outil de visualisation qui permet d'améliorer le flux de travail en mettant en évidence les goulets d'étranglement et les quantités de travail.

Tableau scrum / Scrum Board. Radiateur d'information utilisé pour gérer le produit et les Backlogs des Sprints. Ce tableau présente le flux de travail et ses goulets d'étranglement.

Travail en binôme / Pair Work. Technique consistant à associer deux membres d'équipe afin de travailler simultanément sur le même élément.

Travers (Anti-pattern) / Anti-Pattern. Méthode de travail considérée comme erronée et qui n'est pas souhaitable.

User story (Récit) / User Story. Brève description de la valeur d'un livrable pour un utilisateur particulier invitant à une discussion pour en clarifier les détails.

UX Design / UX Design. Démarche consistant à améliorer l'expérience de l'utilisateur en proposant de meilleures ergonomies et accessibilité au niveau de l'interaction entre l'utilisateur et le produit.

INDEX